1등 가맹점으로 본 프랜차이즈

서민교_맥세스컨설팅 · 월간〈창업&프랜차이즈〉 지음

추천의 글

매년 수없이 많은 프랜차이즈 브랜드가 나타났다 사라지고 또 그보다 더 많은 창업자들이 창업을 시도하다가 실패하곤 합니다. 그러나 그중에서도 롱런하는 브랜드, 꾸준히 목표 이상의 매출을 달성하는 창업자들이 있습니다. 월간〈창업&프랜차이즈〉에서는 그러한 가맹점주들의 이야기를 매달 '1등 가맹점'이라는 코너에 담고 있는데, 그 사례들을 모아 이렇게 책으로 낼 수 있게 돼 매우 기쁩니다.

취재를 하다 보면 가맹점들이 프랜차이즈를 선택한 이유, 우수한 매출을 올리는 이유를 한두 가지 이상은 가지고 있습니다. 그 기사를 좀 더 전문가적인 식견으로 분석하는 책을 이렇게 낼 수 있고, 좀 더 창업자의 입장에서 프랜차이즈 창업을 바라보는 서민교 대표의 혜안을 볼 수 있어 많은 창업자에게 도움이 되리라 생각합니다.

특히 『2019 한국프랜차이즈 산업통계 보고서』의 일부를 발췌해 게재, 국내 프랜차이즈 산업 통계를 예비창업자들이 한 눈에 보고, 분석할 수 있어 국내 프랜차이즈 시장에 대한 안목을 키우는데 도움이 될 것입니다.

그동안 개인 창업자, 그중에서도 프랜차이즈 창업자의 시각에서 펴낸 책은 거의 없지 않았나 생각합니다. 이 책이 프랜차이즈 창업을 목표로 하는 사람들에게 교과서가 되어 창업을 준비할 때부터 점포를 운영하고 추가 가맹점을 내는 그때까지 늘 함께 있어주는 책이 되기를 바랍니다.

월간〈창업&프랜차이즈〉 이덕철 대표

펴내는 글

제대로 된 본사, 제대로 선택하는 점주

프랜차이즈 분야에 발을 담근 뒤 벌써 30년이 넘으면서 프랜차이즈에 대해 많은 것을 공부하고 생각해 왔습니다. 그동안 많은 것이 바뀌었지만 처음부터 지금까지 변하지 않는 생각이 하나 있습니다. 바로 프랜차이즈 본사가 제대로 돼야 가맹점도 제대로 운영할 수 있다는 것입니다. 우리나라는 빠르게 프랜차이즈가 발전하면서 다른 나라와 달리 기형적인 모습을 가지고 있습니다. 창업에 대해 전혀 모르는 가맹점에게 대부분의 부담과 책임을 지운다는 것입니다. 프랜차이즈 본사가 갖추어야 할 것들을 제대로 갖추지 못한 상태에서 가맹점을 모집하고, 사업이나 가맹에 대해 잘 모르는 창업자는 결국 자신의 모든 재산을 걸고 도박을 하는 셈입니다. 그런 이유로 수많은 가맹점들이 실패하고 전 재산을 날리는 것이 당연시되어 왔고, 현재 약 40% 이상이 큰 손해를 보고 폐업하는 상황에 이르렀습니다.

물론 이 책에 나온 가맹점들처럼 합리적인 본사와 괜찮은 아이템 그리고 가맹점주 본인의 노력과 열정이 잘 어우러져 성공하는 경우도 적지 않지만, 현실적으로 그와 같은 모습을 보는 것은 쉽지 않습니다. 여기에는 여러 가지 이유가 있겠지만 가장 큰 것은 가맹본사가 해야 할 일을 제대로 하지 않았다는 것이 큽니다. 가맹점을 오픈하고 운영하는 것은 점주의 몫이 크지만, 성공 창업을 위해 기본이 되는 중요한 부분들은 가맹본사가 가지고 있는 것입니다.

이 책에서는 월간《창업&프랜차이즈》의 콘텐츠인 '1등 가맹점'을 통해 운영 노하우를 배우는 것은 물론, 프랜차이즈 창업을 할 때 알아두어야 할 것들을 함께 설명하고 있습니다. 아울러 ㈜맥세스컨설팅이 매년 발표해 오고 있는 프랜차이즈 산업통계 보고서인 『2019 한국프랜차이즈 산업통계 보고서』 일부를 함께 소개하고 있습니다. 그동안 (주)맥세스컨설팅 그리고 개인적으로 연구하고 분석했던 여러 자료들이 많았는데 이 자료들과 함께 독자들을 먼저 만날 수 있어 기쁩니다. 프랜차이즈 산업통계를 통해 시장을 분석하고 프랜차이즈 창업을 하는데 중요한 지표가 될 수 있으리라 믿어 의심치 않습니다. 더불어 이 책을 제대로 읽고 그 내용을 온전하게 내 것으로 만든다면 프랜차이즈 창업에서 실패할 확률은 반 이상으로 줄어들 것이라고 감히 단언해 봅니다. 아마 이 책에서 말하고 있는 많은 부분이 그동안 알고 있던 것과 많이 다를 수 있습니다. 내가 해야 할 몫이라고 생각했던 것이 내가 아닌 프랜차이즈 본사의 몫이었고, 내 몫이 아니라고 생각했던 것이 내 몫일 수도 있기 때문입니다.

지금까지 우리나라 프랜차이즈 창업 생태계는 잘못 발전해 온 것이 안타까운 사실입니다. 개인 창업이 아닌 프랜차이즈 창업을 실패하는 것은 가맹점주보다는 가맹본사가 약하거나 부실하기 때문일 가능성이 높습니다. 프랜차이즈 본사가 좋은 아이템을 만들고 슈퍼바이저를 통해 가맹점을 꼼꼼하게 관리하는 것은 당연한 일입니다. 아이템에 어울리는 상권을 찾고, 사전 매출 동향까지 미리 살펴보는 것, 그것이 바로 튼튼한 프랜차이즈 본사가 갖추어야 할 가장 기본적인 조건입니다. 이러한 부분을 제대로 지켜 간다면 앞으로 1등 가맹점, 우수 가맹점은 더욱 늘어날 것이며, 가맹 본사와 점주 사이에는 무한한 신뢰와 소통이 존재할 것입니다. 그 시간을 앞당기기 위해 최전선에서 월간〈창업&프랜차이즈〉그리고 (주)맥세스컨설팅이 함께하겠습니다.

(주)맥세스컨설팅 서민교 대표

3	추천의 글
4	펴내는 글

01 새로운 시작, 퇴사 후 창업 & 주부창업

13	〈양키캔들〉 수원호매실점
15	〈월드크리닝〉 하남미사 강변점
17	〈역전할머니맥주〉 경희대점
19	〈정도너츠〉 시흥정왕점
21	〈스시웨이〉 노원점
23	〈커피베이〉 장지역점
25	〈라화쿵부〉 망원시장점
27	**서민교의 창업 패트롤** 프랜차이즈 창업 프로세스

02 창업을 하게 만드는 프랜차이즈 매력

31	〈이디야커피〉 위례푸른초교점
33	〈크린토피아 코인워시〉 위례창곡점
35	〈수유리우동집〉 봉화산역점
37	〈커브스〉 위례점
39	〈버거앤프라이즈〉 동인천점
41	〈커피베이〉 향남상신점
43	〈이제마스터디클럽독서실〉 인천간석점
45	〈얌샘김밥〉 대치삼성점
47	〈커피베이〉 군자점
49	〈도토리편백집〉 대학로점
51	**서민교의 창업 패트롤** 우량 가맹본부 선택하기 & 프랜차이즈 패키지 시스템 체크 포인트

03 프랜차이즈 아이템의 매력

- 55 〈라화쿵부〉 한양대점
- 57 〈진이찬방〉 심곡점
- 59 〈샐러디〉 이화여대점
- 61 〈제주도그릴〉 당산점
- 63 〈조가네갑오징어〉 전북도청점
- 65 〈커브스〉 마들클럽
- 67 〈연안식당〉 나혜석거리점
- 69 〈국선생〉 목동점
- 71 **서민교의 창업 패트롤** 프랜차이즈 업종의 탄생

04 가맹사업의 성공을 가르는 입지

- 75 〈빵장수단팥빵〉 바우하우스
- 77 〈라이스쉐프〉 상암월드컵경기장점
- 79 〈이화수전통육개장〉 용산아이파크점
- 81 〈브롱스〉 오목교점
- 83 〈생활맥주〉 양재점
- 85 〈조마루감자탕〉 동인천 남동구청점
- 87 **서민교의 창업 패트롤** 입지 상권조사의 중요성

05 따로 또 함께 부부창업 & 동업

- 91 〈빨간모자피자〉 고대점
- 93 〈키햐아〉 혜화점 동업
- 95 〈피자마루〉 우장산역점
- 97 〈착한피자〉 일산동구점
- 99 〈꼬지사께〉 성남동점
- 101 **서민교의 창업 패트롤** 동업과 공동투자, 가까울수록 확실하게

06 매출의 힘, 서비스 마인드

- 105 〈숯달돼지〉 마곡발산점
- 107 〈분식이 이래도 되는가〉 천안불당점
- 109 〈모던통닭〉 양재점
- 111 〈양키캔들〉 인천계양점
- 113 〈또봉이통닭〉 인천부평역점
- 115 〈포트커피〉 남양주오남점
- 117 〈뚜따꾸치나〉 공덕점
- 119 〈월남쌈 김상사〉 의정부점
- 121 〈착한쭝식〉 산곡점
- 123 **서민교의 창업 패트롤** 점포운영 노하우

07 나는 아직 배고프다, 다점포 운영

- 127 〈본도시락〉 서울역점
- 129 〈수유리우동집〉 길동점
- 131 〈팔공티〉 이대점
- 133 〈커피랑도서관〉 한티역점
- 135 〈킹콩부대찌개〉 가산BYC하이시티점
- 137 **서민교의 창업 패트롤** 프랜차이즈 선진국의 시스템, 메가 프랜차이즈

부록 I

- 139 2019 한국프랜차이즈산업 통계

부록 II

- 167 본부와 가맹점주들의 분쟁, 소송 실전 대비대응 방법

※ 기재된 가맹점들의 폐·휴점은 가맹본사 및 가맹본부의 사정으로 월간 〈창업&프랜차이즈〉와 (주)벡세스컨설팅과는 무관함을 밝힙니다.
(상기 가맹점은 월간 〈창업&프랜차이즈〉에 최근 3년간 '1등 가맹점' 코너에 실린 점포를 중심으로 소개됨)

01

새로운 시작,
퇴사 후 창업 & 주부창업

창업을 하는 이유는 여러 가지가 있겠지만,
가장 많은 이유가 퇴사 후 창업과 주부창업이다.
이들은 창업이 처음인 경우가 많아서
프랜차이즈 브랜드를 선호하지만,
그렇기 때문에 더 믿을 수 있는 가맹본사를
선택해야 한다.

삶을 바꾼 향초의 향기
〈양키캔들〉 수원호매실점

〈양키캔들〉로 새로운 도전을 하고 있는 이경진 점주는 열정을 가지고 수원호매실점을 운영하고 있다. 고객의 입장에서 진심으로 제품을 추천하며 단골 고객을 확보했고, 이에 힘입어 앞으로는 다점포 운영에도 도전하고 싶다.

매일 아침 가장 먼저 오고 싶은 곳

이경진 점주는 22년 동안 주부로 지내다가 〈양키캔들〉을 오픈했다. 이 점주의 남편이 7개월 동안 프랜차이즈와 창업에 대해 공부를 하면서 브랜드의 매출과 자산 규모, 판매율, 운영 등을 꼼꼼하게 조사한 후 이 점주에게 〈양키캔들〉을 권한 것이 시작이었다.

시장 조사를 미리 한 결과 이 점주의 창업은 거침없이 진행되었다. 오픈 전 본사에서 향 교육, 판매 교육, 포장 교육, 고객 응대 방법 등에 대해 배웠으며 그 다음에는 현장 교육을 받았다. 이 점주는 〈양키캔들〉 임미숙 대표의 열정적인 모습을 보고 더욱 브랜드를 신뢰하게 되었고 점포 운영에 대한 마음을 다지게 되었다. "대표님에게서 좋은 에

너지를 받았어요. 대표님과 이야기하면서 나도 빨리 내 점포를 꾸미고 싶다는 생각이 들었습니다."

2017년 9월에 오픈한 〈양키캔들〉 수원호매실점은 향기로 가득하다. "주부로 살던 제가 〈양키캔들〉 매장 운영을 시작하면서부터 할 수 있는 일이 정말 많아졌어요. 아침에 일어나면 제일 먼저 매장에 오고 싶어요." 이 점주는 오픈한 지 2년이 지난 지금도 점포 운영에 대한 열정을 유지하고 있으며 앞으로도 이 마음이 변하지 않을 것이라고 확신한다. "고객들이 점포와 제가 잘 어울린다는 말씀을 많이 해주십니다. 칭찬으로 듣고 기쁘게 생각하고 있어요."

고객과 소통하며 향기를 공유

이 점주는 고객의 입장에서 어떤 제품이 필요한지를 생각하고 고객에게 어울리는 제품을 추천하면서 단골 고객을 확보하고 있다. "단골 고객 중에 선물용 캔들을 많이 구매하시는 고객이 있는데, 받은 분들이 만날 때마다 캔들 잘 쓰고 있다고 좋은 이야기를 많이 하신대요. 향 선물은 대화소재가 많아서 더 좋아요."

이 점주는 본사에서 점주를 대상으로 지원하고 있는 조향 교육도 받을 계획이다. 슈퍼바이저는 한 달에 두 번 점포를 방문해 청결도와 신제품 진열 등을 확인하고 고객 응대에 어려움이 있었는지에 대해 점주와 이야기한다. 타 점포에서 문제점이 있었던 사항을 공유하면서 불시의 상황에 대비하게 하기도 한다. 〈양키캔들〉은 1년에 한 번씩 대표와 점주들이 모여 제품과 운영에 대한 의견을 나눈다. 이 점주는 본사에서 초빙한 자기계발 강사, 포장 전문 교수의 강의를 들으면서 점포 운영을 원활히 하는 데 도움을 받았다. 또한 본사에서 관리하는 온라인 쇼핑몰을 통해 들어오는 주문으로 부수입을 내기도 한다.

〈양키캔들〉은 다점포 운영 점주의 비율이 높아 이 점주 역시 다점포 운영을 목표로 하고 있다. 어느 상권에 또 다른 점포를 오픈할 지가 이 점주의 유일한 고민이다. 매일 자신을 가꾸면서 새로운 마음으로 점포를 운영하는 이 점주의 열정이 수원호매실점을 더욱 향기롭게 한다.

이경진 점주의 한마디…

열정과 진심을 가지고

주위에서 제 매장을 보고 오픈 문의를 많이 하고 있습니다. 〈양키캔들〉은 큰 자본이 들지 않고 혼자서도 운영이 가능해 열정만 있으면 어렵지 않아요. 지인이 저의 소개로 오픈을 한다면 도와주고 싶고요. 흐트러지지 않는 자세와 고객과의 진심 어린 소통이 가장 중요하다고 생각합니다.

본사 (주)아로마무역
총 창업비 5,510만원 40㎡(12평)

브랜드 콘셉트 세계적 명품 향초 브랜드
www.yankeecandle.co.kr

새로운 도전은 소중한 가치
〈월드크리닝〉 하남미사 강변점

〈월드크리닝〉은 인건비 상승에도 걱정 없고 특별한 세탁전문 기술이 없어도 1인 운영이 가능한 소자본 창업 아이템 중 하나로 손꼽힌다. 육태현 점주는 23년간 직장생활을 하다가 창업을 결심. 현재는 본사와 함께 상생하며 하남미사 강변점을 우수 매장으로 이끌고 있다.

1인 운영시스템과 영업 스킬 '접목'

육태현 점주는 23년간 근무하던 회사에서 퇴사를 결정하고 여러 가지 사업 아이템을 찾다가 우연히 세탁 편의점 창업을 알게 되었다. 약 3개월간의 준비 과정을 거쳐 1년 정도 운영하면서 전 직장에서 배웠던 영업 스킬을 접목하여 일을 하다 보니 특별한 어려움 없이 하남미사 강변점을 운영하고 있다. 실제로 〈월드크리닝〉은 운영 노하우가 집약된 교육시스템을 통해 창업 경험이 없는 초보 창업자도 1인 운영이 가능하다. "직영공장 체제를 통해 가맹점에서 세탁물 접수와 출고 업무만 하기 때문에 고객 응대와 소통에 더 집중할 수 있습니다."

특히 육 점주는 매장 공간 효율성을 높이기 위해 신속, 정

확, 친절을 원칙으로 최대한 공간을 활용하고 있다. 동선을 고려해서 최대한 빠르고 정확하게 접수, 검수 확인 후 고객에게 최우선적으로 신속하게 전달 될 수 있도록 노력하며, 보다 좋은 매장 만들기에 최선을 다하고 있다. 하남미사 강변점의 주 고객층은 30~40대 주부가 많지만 아파트 단지 내 위치하고 있어 여러 다양한 고객이 주를 이루고 있다. 남녀노소 전 연령층을 단골고객으로 만들기 위해 육 점주는 끊임없이 노력하고 있다.

친절은 기본, '고객에 눈높이에 맞게 소통'

〈월드크리닝〉은 브랜드 이미지 향상과 매출 향상을 위해 해마다 점주의 날 행사를 개최한다. 우수가맹점을 선정하고 선정된 가맹점에 다양한 혜택을 부여해 각 가맹점 입지에 맞는 지역점포마케팅(LSM) 및 프로모션 등을 지원하고 있다. 우수가맹점 선정은 매출, 마케팅 능력, 운영시간 준수, 매장 운영, QCS점검, 접객 서비스 등을 기준으로 하며 이를 바탕으로 최종 우수가맹점을 결정하고 있다. 육 점주가 운영하고 있는 하남미사 강변점은 이렇게 까다로운 우수가맹점 중 하나다. 육 점주는 가맹점 운영에 대해 고객의 눈높이에 맞게 소통하는 게 가장 중요하며 모든 고객이 편리하고 편안한 분위기에서 매장을 이용할 수 있도록 하는 것이 중요하다고 말했다.

이에 따라 육 점주는 상·하반기 6개월 단위로 우수 고객을 선정하여 세탁 상품권과 세탁 가방 등 소정의 선물을 준비해 제공하고 있다. 어린이와 함께 오는 고객을 위해 비타민, 사탕 등 다과를 준비해 두고, 겨울에는 맛이 좋은 차를 비치하여 누구나 먹을 수 있도록 하고 있다.

"최선을 다해 친절하게 대하고 이야기 나누며 응대하는 것에 고객들이 고맙게 생각해 주는 것 같아요. 앞으로도 아담하고 따뜻한 느낌의 매장을 만들어 나가고 싶습니다. 누구나 처음 시작하는 것은 쉽지 않지만, 세상 밖으로 나와 새로운 것을 시작한다는 것에 망설임과 두려움을 줄인다면 새로운 미래에 도전할 수 있습니다."

육태헌 점주의 한마디…

창업은 또다른 도전

창업은 또 다른 도전입니다. 은퇴 후 무언가를 다시 시작한다는 건 두려운 일이지만, 노력한 만큼 원하는 것을 얻을 수 있기에 새로운 도전은 소중한 가치가 있다고 생각합니다. 자신에게 가장 잘 맞는 창업아이템이 무엇인지 정했다면 망설이지 말고 도전하세요. 그리고 노력하세요.

본사 (주)월드크리닝	**브랜드 콘셉트** 고객감동 실현과 행복한 세탁문화 선도
총 창업비 별도문의	www.worldcleaning.co.kr

고객에게 찾은 새로운 열정
〈역전할머니맥주〉 경희대점

〈역전할머니맥주〉라는 상호가 풍기는 이미지와 젊음이라는 단어 사이에는 거리가 있어 보이지만 혈기 넘치는 대학가 거리에 구시대와 현시대를 아우르는 작지만 특별한 공간이 있다. 〈역전할머니맥주〉 경희대점. 그 중심에 홍기무 점주가 있다.

안일함을 넘어

홍기무 점주는 15년여의 시간을 평범한 회사원으로 생활했다. 그런 홍 점주가 창업을 결심하게 된 계기는 현실에 안주하고 있는 자신의 모습에 스스로 부끄러움을 느꼈기 때문이다. "오랜 기간 평범한 직장인으로 일하면서 매일 같은 시간에 출근하고, 또 동일한 일을 반복하고 퇴근하는 일에 익숙해져 있는 제 자신을 돌아보니 인생이라는 경기에서 반칙을 하고 있다는 생각이 들었습니다. 아이들도 커가면서 결단이 필요할 때라고 생각했죠. 이런 생각들이 반복되면서 차근차근 창업 준비를 했습니다." 〈역전할머니맥주〉 경희대점은 2018년 3월 서울 경희대학교 대학가 중심에 문을 열었다. 젊음을 대표하는 거리에 〈역전할머니맥주〉라니. 당초 홍 점주는 사실 이같은 이유로 대학가 점포 오픈을 꺼렸다고 한다.

"아내의 고향이 전라북도 익산이라서 그 지역 원조 브랜드로 알려진 〈역전할머니맥주〉에 대해 잘 알고 있었지만 30, 40대 고객층을 겨눈 콘셉트의 매장을 서울 한복판에, 그것도 젊은 대학생들이 밀집해 있는 대학가에 오픈할 계획은 추호도 없었어요. 하지만 몇 개월 동안 상권분석을 진행한 결과, 가장 적합한 곳이 이곳이었고, 젊은 사람들과 소통하고 열심히만 한다면 못할 것도 없겠다 싶었습니다. 그렇게 서울에 〈역전할머니맥주〉 1호점이 탄생했죠."

다시 끓는 혈기

창업을 준비하고 점포를 오픈하는 과정부터 영업 활동까지 초기 창업자가 겪는 일련의 활동은 그들에게 시련 그 자체였다고 한다. 홍 점주 또한 창업 초기 시련의 나날들을 토로하며 당시를 회상했다. "점포를 오픈하고 몇 달 동안 정말 힘들었던 기억이 납니다. 내가 이러려고 창업을 했나 싶더라고요. 창업을 계획할 때만 해도 열정을 담아 각오를 다졌었지만 각오 이상으로 몇 배는 힘들었던 것 같아요. 어느 날은 영업을 마치고 아내에게 진담 반, 농담 반 섞어 장사 그만하자며 투정을 부린 기억도 나네요."

하지만 홍 점주는 점포 고객의 9할을 차지하는 대학생들로부터 잃었던 열정을 찾았다. 그들의 열정은 마치 바이러스 같았다. "요즘 시대 청년들은 정말 살기 힘들다고 하잖아요. 그런데 이런 열악한 환경을 알고 있으면서도 삼삼오오 모여 맥주 한 잔 마시며 파이팅 하는 모습을 보고 있노라면 힘을 내지 않을 수가 없겠더라고요. 부끄러운 인생 선배가 될 순 없는 노릇이죠. 그들에게 열정을 받은 대가로 안주를 서비스로 지불한답니다."

홍 점주는 〈역전할머니맥주〉 경희대점 서울 1호를 특별한 존재라고 생각한다. "창업 초기만 해도 학생들이 외관상 이질감을 느꼈다고 해요. 그럴 때마다 항상 먼저 다가가 학생들과 소통하고 공감을 나누다보니 어느덧 주 고객층이 대학생이 되었네요. 앞으로도 〈역전할머니맥주〉 경희대점을 찾아주시는 고객께 감사하는 마음으로 운영해 나갈 생각입니다."

홍기무 점주의 한마디…

고객과의 소통이 나의 힘!

고객을 상대하는 데 있어서 항상 먼저 다가가 공감하려는 노력이 필요합니다. 고객들과 소소한 이야기에서부터 한 사람의 멘토 혹은 멘티만이 해줄 수 있는 진지한 이야기들을 나누다 보면 어느덧 장사를 하는 데 있어서도 큰 어려움이 없을 것이라고 생각합니다.

본사	(주)역전fnC
총 창업비	별도문의

브랜드 콘셉트 맥주와 추억에 반하다
http://yukjunfnc.kr

도너츠로 실현한 새로운 꿈
〈정도너츠〉 시흥정왕점

시흥정왕점의 정정숙 점주는 우연히 들른 〈정도너츠〉의 맛에 반해 창업까지 한 케이스다. 맛뿐만 아니라 당일 생산 및 판매를 원칙으로 건강하게 만들어지는 제조 과정에도 반하면서 자부심으로 매장을 이끌고 있다.

자꾸 먹고 싶은 맛에 반해 시작한 창업

정정숙 점주는 창업 전까지 25년간 병원에서 간호사로 일했다. 젊을 때부터 자기 사업을 하고 싶다는 꿈을 가지고 있던 정 점주는 〈정도너츠〉를 만나면서 2017년 11월 실천으로 옮겼다. 정 점주가 〈정도너츠〉를 알게 된 것은 지인의 선물 덕분이었다. 지인에게 받은 도너츠의 맛에 반한 정 점주는 가까운 점포를 찾아 도너츠를 사먹기 시작했다. 맛 뿐만 아니라 먹을 때마다 속도 편안했다. 알고 보니 〈정도너츠〉 카페는 당일생산 당일판매를 원칙으로 운영되고 있는 데다가. 식품보존제나 식품유화제를 전혀 사용하지 않고 직접 반죽해 만든 찹쌀도너츠는 식욕이 부진하거나 소화불량 시 영양간식으로도 인기가 높았다. 가격대비 선물용 박스가 고급스러워 친지방문이나 병문안을 갈 때도 부담 없이 구매할 수 있었다.

정 점주는 "무엇보다 자꾸 먹고 싶은 맛이란 점이 〈정도너츠〉 카페를 선택한 가장 큰 이유"라고 말한다. 현재 시흥정왕점은 배곧신도시와 기존의 아파트 단지 중앙에 위치해 있어 지역주민들이 이용하기에 편리하다. 시화공단이라는 대단지가 근접해 있어서 기업체들이 직원 생일케이크나 단체 선물로 애용하기도 한다. 정 점주는 〈정도너츠〉 카페 점포에서 생강, 인삼, 마늘, 사과, 들깨 허브 등 몸에 좋은 재료들로 맛을 낸 도너츠 외에 카페 점포에서만 맛볼 수 있는 생강차, 대추차, 레몬차, 모과차, 와키쥬스 등 수제차를 직접 만들어 판매하고 있다.

좋은 먹거리를 제공한다는 자부심

정 점주가 점포 운영 시 직원에게 가장 강조하는 것은 서비스다. "직원의 행동 하나, 표정 하나가 고객에게 그대로 전달되기 때문에 항상 밝은 자세로 고객을 대할 수 있도록 해야합니다." 정 점주는 기분에 따라 서비스가 달라지지 않도록 커피나 음료를 만들 때에도 '가족에게 만들어 준다'는 마음으로 정성껏 만들고 '나는 전문가다'라는 마인드로 일하라고 교육한다. 높은 서비스를 요구하는 고객과 일의 고충을 호소하는 직원 사이에서 무리 없게 조율하는 것이 본인의 역할이라 말하는 그는 서로가 존중하고 배려하면 이해하지 못할 일은 없다고 생각한다. 물론 운영이 쉽지만은 않았고, 잘 해야 한다는 마음 자체가 무게를 가졌다.

"제대로 된 제품을 만들어 팔 수 있어야 한다는 생각에 16시간 이상 일을 하고도 잠이 오질 않았어요. 그래서 시행착오를 겪을 수밖에 없다는 생각으로 그것을 최소화하기 위해 노력했습니다"라고 말했다. 현재 정 점주는 본부의 마인드대로 좋은 먹거리를 지역주민에게 제공한다는 자부심으로 일하고 있다. 〈정도너츠〉 카페를 남녀노소 누구나 찾을 수 있는 편안한 공간으로 만드는 것이 소망이라며, 정왕 지역주민 누구나 〈정도너츠〉 카페를 알도록 홍보하는 것이 목표다. "입소문을 바탕으로 언젠가 전국 〈정도너츠〉 카페 중에서 최고가 되는 것이 꿈이자 목표입니다."

정정숙 점주의 한마디…

신중한 시작과 최고의 끈기를

창업은 시작하기 전에 신중하게 결정해야 합니다. 그리고 일단 시작했다면 중간에 포기하지 않아야 하고요. 어려움이 있더라도 할 수 있는 최선을 다하며 극복해 나아가야 한다고 말씀 드리고 싶습니다. 저도 포기하지 않았기 때문에 고비를 이겨낼 수 있었고, 지금 이 자리에 있을 수 있으니까요.

| 본사 | (주)정담 | 브랜드 콘셉트 | 진심을 담은 도너츠 |

총 창업비 5,000~8,000만원 66m²(20평 이하 로드샵), 1억원 이상 99m²(30평 이상)   www.jungdonuts.com

가맹본부 대표와 함께한 10년
〈스시웨이〉 노원점

김봉식 점주가 〈스시웨이〉 노원점을 운영한 지도 햇수로 7년. 김 점주는 한자리에서 오랫동안 점포를 운영할 수 있었던 비결로 높은 진입장벽과 가성비, 그리고 가맹점과 윈–윈하는 본부에 대한 신뢰를 꼽는다. 김 점주는 오늘도 본부와 소통하며 변화를 위해 노력하고 있다.

높은 진입장벽, 가성비, 신뢰라는 삼박자

〈스시웨이〉 노원점의 김봉식 점주가 외식업에 뛰어든 건 2010년 퇴사를 하면서다. 〈스시웨이〉 부천점에 직접 찾아가 맛과 가성비를 확인한 그는 최진수 대표를 직접 만나보고 그의 진솔하고 선한 인품 그리고 성실함에 반했다. 그 신뢰감은 브랜드를 선택하는 데 결정적인 역할을 했고, 김 점주는 2012년 7월 〈스시웨이〉 노원점의 문을 열었

다. 창업 당시 자금이 부족했던 김 점주는 권리금이 저렴한 상권에 입점하기 위해 최 대표와 함께 2~3일간 50군데 이상의 점포를 발이 부르트도록 함께 다녔다. 김 점주는 지금도 함께 뛰어준 최 대표에게 고마운 마음이다. 그들은 매달 한 번씩 만나 사업적인 이야기는 물론, 개인적인 이야기를 나누며 파트너십을 유지하고 있다. 노원점에서 론칭한 '갈릭초밥'도 이러한 만남을 통해 나온 메뉴 중

하나. 노원의 데이트 코스를 검색하면 늘 상단에 노출되는 〈스시웨이〉 노원점의 인기메뉴 중 하나인 갈릭초밥은 갈릭소스의 독특한 향과 직화로 구워진 부드러운 스시의 조화가 일품이다. 다른 점포에서는 주방에서 직화구이가 된 상태에서 서비스되는 반면, 노원점에서는 손님 테이블에서 직접 토치로 직화구이 과정을 보여주며 설명을 곁들인다. 웬만하면 김 점주가 직접 서비스를 제공한다. 이같은 현장감과 브리핑이 노원점의 강점이라고 설명하는 김 점주는 스시의 판마다 종류와 먹는 순서, 특징을 일일이 설명한다.

같게 또 다르게, 특화된 서비스 구축

〈스시웨이〉에서는 코스를 표준화하되 상권마다 일부 메뉴 구성과 서비스를 특화할 수 있도록 하고 있는데, 노원점의 경우 저렴한 단가의 런치 메뉴를 추가해 서비스로 수프까지 제공하고 있다. 재료가 떨어질 때까지 선착순으로 매운탕도 서비스한다. 본부에서 선정한 음악도 날씨나 시간대, 손님층에 따라서 김 점주가 직접 맞춤형 장르로 튜닝한다. 김 점주 "언젠가 노부부 손님이 오신 적이 있는데 마침 다른 손님이 없어서 옛날 노래를 틀어드렸더니 식사 후 아주 즐겁게 잘 먹었다고 말씀하신 적이 있어요"라며 흐뭇하게 웃었다. 2018년 8월부터는 본부와 협업해 〈스시웨이〉 노원점 이자카야를 론칭했다. 주택가라는 상권 특성상 밤늦게 출출함을 느끼는 저녁 손님을 위해 마감시간을 오후 10시에서 새벽 2시까지 연장하고 새롭게 개발한 메뉴를 더했다. 이자카야라고 해서 어둡고 작을 필요가 없다고 판단해 밝은 분위기로 차별화를 뒀다. 손님을 대할 때는 언제나 주방모를 착용하고 전문가의 모습으로 나서는데 그것이 프로의 태도이자 손님에 대한 예의라고 생각하기 때문이다. 그런 김 점주의 유일한 바람은 70세까지 같은 장소에서 기존 고객들과 함께 하며 스시가게 주인으로 일하고 싶다는 것.

주인이 직접 점포를 운영할 때와 그렇지 않을 때의 분위기가 다르다는 것을 알고 있기에 더 욕심 부리지 않고 동네 맛집의 터줏대감으로 오래도록 사람들과 함께 호흡하고 싶은 김 점주는 오늘도 노원의 스시 맛집으로 더욱 단단하고 다정한 한 발을 내딛는다.

김봉식 점주의 한마디…

상권은 전문가와 함께 골라야

창업은 아무나 할 수 있지만 누구나 잘 될 수는 없습니다. 조급함은 버리고 그 분야에 대한 공부와 6개월은 버틸 수 있는 여유자금이 필요합니다. 상권 선택 전에는 최소한 50군데는 둘러볼 생각으로 상권을 잘 고를 수 있는 노하우가 있는 담당자와 함께 다니며 배우길 권합니다.

본사 (주)사보르웨이	**브랜드 콘셉트** 동네맛집, 교감의 한 점
총 창업비 7,140만원 66㎡(20평)	www.sushiway.co.kr

인생의 전환점을 성공으로
〈커피베이〉 장지역점

〈커피베이〉 장지역점은 양도창업으로 우수가맹점의 타이틀을 지킨 매우 드문 경우다. 우수가맹점이 되기도 어렵지만 양도로 점주가 바뀌었는데도 또 우수가맹점이 됐다는 건 입지 때문만이 아니다. 비결은 김미아 점주가 행한 아주 사소한 배려에서 시작됐다.

플로리스트에서 카페 사장으로

플로리스트로 활동하던 김미아 점주는 아이를 낳아 키우면서 인생의 전환점에 섰다. 플로리스트라는 직업은 자긍심에 비해 현장에서 일해야 하는 환경이라 아이를 둔 엄마로서 병행하기는 어려웠다. 카페라면 직원을 두고 한두 시간 정도만 투자하면 될 거라는 단단한 착각으로 창업을 꿈꿨다. 많은 카페를 둘러봤는데 개인 카페는 매뉴얼이 따로 없고 분위기 위주라서 운영이 만만해 보이지 않았다. 반면 맛과 서비스가 균일한 프랜차이즈는 매뉴얼도 갖추고 있어서 관심을 갖고 찾아보던 중 집앞에 〈커피베이〉가 생겼다. 아침에 아이들을 학교에 보내고 오거나 운동을 마치고 와서 휴식 시간을 누리는 주부 고객들이 많

있는데, 3,000원대인 〈커피베이〉의 가격도 적당하고 맛도 좋았다. 고객으로서도 만족하던 참이라 사정상 문을 닫으려던 장지역점을 양도받게 됐다.

직접 해보니 예상과는 많이 달랐다. "카페에서는 백조처럼 지내야 했어요. 멋있어 보이지만 수면 아래서는 열심히 발을 젓고 있어야 했거든요." 고객은 완벽한 세팅을 원했고, 음료와 디저트의 퀄리티에 위생까지 신경쓸 게 너무 많았다. 인내의 시간은 쓰지만 열매는 달았다. 덕분에 2017년 11월 영업을 시작한 이후 2018년 상반기 우수가맹점으로 선정되는 기쁨을 누렸다.

우수가맹점은 당연한 결과

본사 매뉴얼을 잘 지켜서 우수가맹점이 된 것 같다는 김 점주는 비결을 묻자 관심과 배려라고 답했다. 그는 유모차를 끌고 오는 고객이 보이면 먼저 나가서 문을 열어주고, 고령의 고객이 오면 셀프서비스 제도임에도 불구하고 직접 본인이 가서 주문을 받았다. 둘이 와서 큰 사이즈 한 잔만 주문하면 눈치를 주는 대신 오히려 작은 종이컵 한 개를 더 내드렸다.

"많은 창업자들이 이런 경우 손해라고 생각하는데 그렇지 않습니다. 이런 작은 서비스가 좋은 인상을 남길 수 있고, 커피 한 잔의 여유를 즐긴 고객들이 다음에는 가족들과 함께 재방문하니까요. 제가 카페 갔을 때 기분좋았던 경험을 떠올리면 답이 나오죠."

우수가맹점으로 선정되면서 점포 일부 리뉴얼이라는 혜택과, 고객들에게 사은행사를 할 수 있도록 보틀을 지원받았다. 우수가맹점이 됐다는 얘기에 고객들은 열심히 하는데 당연한 일이라면서 자기 일처럼 기뻐했다.

김 점주의 최종 목표는 플라워카페. 플로리스트로서는 어쩌면 당연한 꿈이다. 도시 외곽에서 정원에서 꽃을 가꾸고 작품을 만들면서 동시에 카페를 운영한다는 훗날의 꿈은 지금 〈커피베이〉 장지역점에서 조금씩 영글어가고 있다.

김미아 점주의 한마디…

서비스의 질은 한끗 차이

고객이 원하는 것은 가격을 깎아주거나 그저 저렴한 메뉴가 아니라 아주 작고 사소한 부분을 챙겨주는 것이라고 생각합니다. 그 부분은 과하지 않게 살짝, 터치하듯이 손길을 내미는 것만으로도 고객이 감동합니다.

COFFEEBAY   **본사** (주)커피베이   **브랜드 콘셉트** 누구나 언제든지 맛있는 커피&디저트를 즐길 수 있도록
　　　　　　　총 창업비 4,250만원 26㎡(8평)　www.coffee-bay.co.kr

의류업에서 외식업으로의 전환
〈라화쿵부〉 망원시장점

요즘 핫한 망리단길과 함께 떠오르는 망원시장. 그 입구에는 마라탕의 한국시장을 선도하는 〈라화쿵부〉 망원시장점이 있다. 1인 가구부터 연세 지긋하신 어르신까지 가볍게 찾는다는 망원시장점은 오픈한 지 반 년도 채 안 됐을 때부터 망원시장의 맛집으로 자리잡아 왔다.

재량권이 많아 매력적인 프랜차이즈

의류업을 하던 정일용 점주는 오랫동안 해왔던 사업을 접고 2018년 2월 3일에 〈라화쿵부〉 망원시장점을 오픈했다. 오래 전에 어머니와 함께 창업을 한 적도 있고, 오랫동안 의류업을 해왔기 때문에 장사에는 어느 정도 자신이 있었다. 중국에서 먹어보고 매력을 느꼈던 마라탕으로 아이템을 정했고, 그동안 먹어봤던 마라탕 중 가장 맛있었던 〈라화쿵부〉를 본사로 선택하는 것은 어렵지 않은 결정이었다. 처음부터 확신을 가지고 망원시장점을 오픈했고, 다양한 아이디어로 1인 가구가 많다는 지역의 특성을 잘 살려 꾸준히 매출을 올리고 있다.

정 점주가 〈라화쿵부〉를 선택한 가장 큰 이유는 점주의 재

량권이 많기 때문이다. 인테리어부터 메뉴 및 재료 선택권을 모두 점주에게 주고 있어 선택의 폭이 넓다. 정 점주 같은 경우 가장 신경쓰는 것이 바로 위생과 식재료의 질. 그래서 비용을 별도로 들여 위생관리업체를 설치했고, 재료도 원하는 곳에서 직접 구매할 수 있어 매우 만족하고 있다. 표고버섯, 느타리버섯 등은 특별히 좋은 제품을 사용하는데, 신선한 재료를 많이 쓰면 그만큼 매출도 함께 오르기 때문이다. 직접 거래를 하다 보니 최상품을 사용해도 비용 부담이 크지 않고, 오히려 고객들의 만족도가 높다. 이밖에도 상하목장의 우유로 만든 아이스크림과 수제맥주 등의 사이드 메뉴로 매출을 추가로 올리고 있다.

매출의 꽃, 테이크아웃 코너

망원시장점의 가장 큰 매력은 바로 별도로 구성된 테이크아웃 코너. 홀과 달리 무한대로 판매가 가능한 것은 물론, 한 번만 이용하면 단골이 되기도 쉽기 때문이다. 또 1인 가구가 많다는 특성을 살려 1인용, 2인용 등으로 메뉴를 판매하고 있다. "마라탕은 원래 냉장고에 들어있는 모든 재료를 넣어서 끓여먹는 것에서 시작됐어요. 그래서 저도 손님들에게 국물을 많이 드리면서 냉장고 청소 한 번 하시라고 말씀 드려요. 맛있게 먹는 방법까지 알려드려서인지 한 번 찾은 손님들은 다시 오는 경우가 많아요." 이와 함께 직원들에게도 할 수 있는 한 최대의 대우를 해 주고 있다. 퇴직금은 물론 정시퇴근에도 매우 신경을 쓴다. 이는 정 점주가 본사에서 직접 요리를 배워 직원들이 모두 퇴근해도 혼자 주방을 맡을 수 있기 때문이기도 하다. 덕분에 정 점주는 믿을 수 있는 직원들과 함께 열심히 점포를 꾸려가고 있다.

정 점주는 앞으로 마라탕과 〈라화쿵부〉를 더 널리 더 많이 알리는 것을 목표로 하고 있다. "본사에서도 마라탕과 브랜드를 알리고 융합하는 것이 목표인데, 저 역시 마찬가지입니다. 아직은 손님들에게 마라탕, 꿔바로우 등을 설명해야 하는 경우가 많은데, 앞으로는 많은 손님들이 설명 없이도 주문하고 드실 수 있는 문화가 만들어졌으면 합니다."

정일용 점주의 한마디…

작은 디테일로 최선의 근무 환경을

서비스도 맛도 중요하지만, 점주라면 인테리어를 할 때 주방시설에도 신경을 많이 썼으면 좋겠어요. 전문가들이 세팅을 해 주지만 사람마다 스타일이 다르기 때문에 반드시 최선이라고 할 수는 없거든요. 주방은 매일 부딪치는 곳이기 때문에 가능하면 많이 생각하고 고민한 뒤 결정한다면 좋겠습니다. 작은 디테일이 덜 힘들고 더 즐겁게 일할 수 있도록 만드니까요.

 **본사** (주)화몽식품
총 창업비 별도문의

브랜드 콘셉트 유행을 타지 않는 맛, 국내 최초 마라탕 프랜차이즈
https://라화쿵부.com

서민교의 창업 패트롤

프랜차이즈 창업 프로세스

프랜차이즈 창업으로 성공하기 위해서는 다음 11단계의 창업 과정을 하나하나 체크하며 체계적으로 준비해야 한다. 단계는 총 11개지만 사실 1~4단계가 전부라고 해도 과언이 아니다. 가맹점주가 되려면 제대로 된 본사를 고르는 것이 가장 중요하기 때문이다. 그래서 1~4단계를 가장 신중하고 오랫동안 고민하는 것이 바람직하다. 물론 매우 힘든 과정이며, 모든 것을 스스로 해야 하기 때문에 의지도 강해야 한다. 하지만 잊지 말자. 가맹사업을 하는 이유는 손쉬운 창업을 위해서가 아니라 실패 확률을 낮추고 성공 가능성을 높이기 위해서라는 것을.

1단계 정보습득

예비창업자가 손쉽게 습득하는 가맹정보는 어떤 형태로든 프랜차이즈 가맹본부의 입장을 대변하고 있다는 것을 먼저 이해해야 한다. 가맹본부는 가능한 한 많은 가맹점을 개설해 이윤을 추구할 목적이기 때문이다. 가맹사업 정보는 입장에 따라 그 의미가 완전하게 달라질 수 있기 때문에 업종과 본사를 선정한 후 가맹점 방문을 통한 정보 재수집이 필요하다.

2단계 업종 선택

유망업종은 광고를 많이 하거나 대기업 브랜드가 아닌, 롱런할 수 있는 아이템과 그를 뒷받침할 수 있는 프랜차이즈 패키지 시스템이 뒷받침된 것이다. 유망업종을 선택하기 위해서는 정보 취득에 적극성을 가지고 경험에 준해서 선별하며, 안전성, 성장성 등을 고려해야 한다. 그래서 부업이 아닌 본업을, 가능하면 비수기에 투자규모가 아닌 업종에 맞는 규모를 선택하는 것이 좋다.

3단계 가맹상담

가맹상담을 하기 전에는 반드시 정보습득과 분석을 통해 업종을 선정한 뒤에 해야 한다. 만약 선정한 업종이 없다면 가맹상담은 뒤로 미루자. 가맹정보습득과 동시에 가맹상담을 하는 것도 위험한 선택이 될 수 있기 때문에 가맹상담. 특히 대면상담은 사전 정보가 축적되고 권유에 대해 옳고 그름을 판단할 수 있을 때 해야 한다는 것을 절대 잊지 말자.

4단계 가맹본부 선택

우수한 가맹본부를 선택하기 위해서는 예비 가맹점 사업자가 사업에 대한 기초지식 이상을 가지고 있어야 한다. 그렇지 않을 경우 복잡한 프랜차이즈 패키지 시스템이나 본부 구성원의 역할을 이해하지 못해 본부의 입장을 수용할 수밖에 없다. 올바른 가맹본부 선택의 기준을 마련하고, 사업 수행 능력을 충분히 확인하는 것이 좋다.

5단계 입지 상권조사 분석

우수한 프랜차이즈 패키지 시스템이라면 입지 상권에 대한 분석은 예비 가맹점주가 아니라 가맹본부가 해야 할 일이다. 그러나 현실적으로는 그런 가맹본부는 극소수이므로, 예비 가맹점주는 가맹본부가 제공하는 여러 정보를 좀 더 꼼꼼하게 확인하고 근거가 확실한 지를 점검해야 한다. 또 운영할 점포 인근 지역의 가맹점 현황과 예상 매출액 등을 서면으로 제공받는 것은 필수다.

6단계 임대차 계약

임대인(건물주)이 임차인(예비 가맹점주)에게 임대물을 사용하게 하고 이에 대한 차임(월세 또는 보증금)을 지급할 것을 약정하는 것이 임대차 계약이다. 임대차계약의 주체는 당연히 실소유주여야 하며, 계약 전에 반드시 전세권, 근저당, 가압류 등을 관할 등기소에서 반드시 확인해야 한다. 계약절차는 출점 가부 판정→건물 서류 확인→협상→계약 등이다.

7단계 가맹계약

가맹계약서에 명시된 조항은 계약 기간 동안 가맹본부와 가맹점사업자 사이의 관계를 규정하는 중요한 근거이다. 그래서 계약서 내용에 따라 신뢰를 쌓아갈 수도, 끌려다닐 수도 있으므로 주의깊게 체크해야 할 항목들을 미리 알아두고 계약분쟁 사례에 대해서도 충분히 알아두는 것이 좋다.

8단계 시설 및 기계 장비 계약

보통 이때쯤 되면 가맹점사업자는 가맹본부에게 맡기고 쉬고 싶어하지만, 이때부터가 가장 중요한 순간이다. 항목마다 참여하고 내용들을 검토하는 것이 좋으며, 공사의 항목별 내용부터 기계 장비와 인테리어까지 꼼꼼하게 체크해야 한다.

9단계 점주 교육훈련

가맹점사업자는 가맹본부에서 제공하는 교육훈련을 통과의례로 가볍게 여길 것이 아니라 점포운영의 노하우를 배운다는 마음가짐으로 적극적으로 임해야 한다. 교육훈련 시에는 매뉴얼뿐만 아니라 실패하지 않는 점포운영을 배울 수 있으므로, 점주 교육훈련, 매뉴얼 등에 집중해서 교육을 받도록 한다.

10단계 개점준비와 개점

점포의 레이아웃과 점주의 교육훈련이 끝나면 이제 드디어 개점을 할 때가. 상품구성, 점포운영 계획서, 초도상품 발주, 각종 인허가, 개점행사, 개점 후 개점지도 등 각각의 과정을 충실히 해 나가며, 가맹본부에 모든 것을 의지하는 것보다 혼자 해 나갈 수 있도록 철저하게 준비해 나가는 것이 좋다.

11단계 지속운영

프랜차이즈 패키지 시스템이 아무리 중요해도 가맹점사업자의 마음가짐이 없다면 성공할 수 없다. 가맹본부의 상품부문, 점포운영부문, 관리부문 등의 지원을 받으면서 교육훈련 시 배운 매뉴얼대로 슈퍼바이저의 도움을 받아 재고관리, 직원과 인건비, 점포관리 등을 점검해야 지속운영이 가능한 가맹점사업자가 될 수 있다.

02

창업을 하게 만드는 프랜차이즈 매력

예비창업자들이
프랜차이즈를 선택하는 이유는
높은 성공 가능성 때문이다.
표준화된 시스템과 맛이 기본은 할 것이라고 생각하는데,
이러한 '기본'을 위해서는 꼼꼼한 본사여야만 가능하다.
입지 선정부터 오픈 준비까지
완벽한 시스템을 갖추었는지
확인하고 또 확인하자.

믿고 따를 수 있는 가맹본사
〈이디야커피〉 위례푸른초교점

이정민 점주는 부담 없는 가격과 보장된 맛 때문에 〈이디야커피〉를 선택했다. 점포 운영이 처음이지만 〈이디야커피〉에서 제시하는 가이드라인을 열심히 따랐더니 뜻하지 않게 2018년 서비스 우수가맹점 최우수상까지 받게 되었다.

가성비를 잡은 메뉴

이정민 점주는 처음부터 커피 프랜차이즈 점포를 운영할 생각은 아니었다. 그런데 4년 동안 〈이디야커피〉를 운영하던 지인이 또 다른 위치에 같은 브랜드의 점포를 오픈하는 모습을 보고 브랜드에 대한 믿음이 생겼다. 이 점주는 4~5개월 동안 준비를 하여 2016년 6월에 〈이디야커피〉 위례푸른초교점을 시작하게 되었고, 2018년 서비스 우수가맹점 최우수상을 받았다.

이 점주가 점포를 준비하던 때는 저가의 커피 프랜차이즈가 나오던 시기였다. 브랜드의 경쟁력을 고민했지만 〈이디야커피〉의 메뉴는 가격에 비해 퀄리티가 좋았고 카페인에 민감한 이 점주도 맛있게 마실 수 있었다. 마니아층이 있

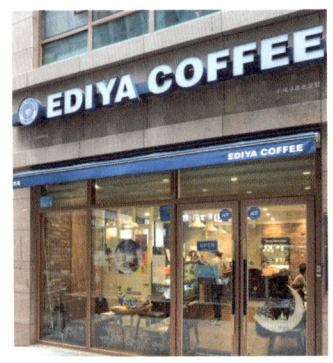

는 브랜드이며 부담스럽지 않은 가격에서 확실한 맛을 보장하기에 〈이디야커피〉 점포 운영을 선택했다.

그러나 서울에는 이미 〈이디야커피〉의 점포가 많았기에 상권 결정이 중요했다. 이 점주가 자리 잡은 위례푸른초교점은 항아리 상권으로 유동인구가 많지는 않지만 주위에 병원, 스포츠센터, 학원이 있어 안정적인 수익을 낼 수 있을 것이라고 생각했다. 전 연령층이 좋아하는 맛이기에 아메리카노를 즐기는 젊은 고객들 외에 다양한 음료를 즐기는 가족 단위의 고객도 많다. 어르신들은 라떼를 좋아하고 어린이들은 초콜릿이 들어간 메뉴를 좋아한다. 이 점주의 친절한 고객 응대 또한 고객의 발길이 이어지게 한다.

탄탄한 가이드라인

이 점주는 〈이디야커피〉 메뉴의 수가 많아도 레시피가 정해져 메뉴를 만들기에 어렵지 않은 점이 매우 만족스럽다. 또 점포의 운영을 돕기 위해 본부의 슈퍼바이저가 지역별로 점포를 담당하고 있기 때문에 수리가 필요할 때는 슈퍼바이저가 전문가와 바로 연결해준다. 슈퍼바이저의 방문으로 본부와 더욱 원활하게 소통할 수 있다는 것도 큰 장점이다. 오픈 초기에 커피와 메뉴에 대한 기본 지식 교육을 받으며, 운영을 위한 서비스 응대 교육 외에 세무, 인사 관련 교육 등도 진행한다. 오픈 교육은 3주 정도 진행되는데, 점포 운영 중에도 교육을 신청해서 받을 수 있다. 이 점주는 그라인더 분해 청소, 유통기한 관련, 머그잔 위생에 대한 가이드라인이 특히 운영에 도움이 되었다. 본부는 홈페이지를 통해 점주들이 실행할 수 있는 구체적인 가이드라인을 제시해 놓고 있다. 또한 홈페이지에 '점주의 방' 게시판을 통해 다른 점주들과 영업 노하우를 공유할 수 있다.

이 점주는 최우수상을 받은 비결이 가이드라인에 따라 기본에 최선을 다했을 뿐이라고 말한다. 지난해 포상 받은 여행상품권으로 가족과 여행을 다녀오는 것이 현재의 목표다. 일하는 곳이 있어 즐겁고 타인에게 도움이 되는 삶을 살고 싶다는 이 점주의 긍정적인 마인드가 〈이디야커피〉 위례푸른초교점의 성장을 더욱 기대하게 한다.

이정민 점주의 한마디…

적극적으로 꼼꼼하게 준비

프랜차이즈 점포 운영을 고민할 때 머리로만 생각하지 말고 창업설명회에 직접 가보시길 권합니다. 상권을 알아보는 것도 중요하고요. 시간을 들여 좋은 위치의 정보를 꼼꼼히 따져보고 나서 브랜드력과 창업아이템에 대해서도 자세하게 따져봐야 합니다. 일단, 선택한 브랜드는 믿고 따르십시오.

EDIYA COFFEE 본사 (주)이디야 브랜드 콘셉트 Always Beside you.
총 창업비 1억 1,400만원 26㎡(20평 기준) https://ediya.com

전문적인 노하우로 더 상쾌하게
〈크린토피아 코인워시〉 위례창곡점

〈크린토피아 코인워시〉 정연심 점주는 브랜드에 대한 신뢰 하나로 가맹점을 시작했다. 본부의 탄탄한 교육과 운영시스템의 도움으로 고객들에게 전문적인 서비스를 제공하고 있으며, 정 점주의 긍정적인 마인드도 위례창곡점을 더욱 성장하게 한다.

〈크린토피아〉에 대한 신뢰

합리적인 가격으로 좋은 품질의 세탁 서비스를 제공하는 세탁 전문 브랜드 〈크린토피아〉는 세 가지 콘셉트로 운영된다. 편의점에서 세탁물을 접수해 지사에서 세탁이 이루어지는 '세탁편의점', 물세탁에서 건조까지 1시간에 해결 가능한 무인 빨래방인 '코인워시365' 그리고 앞의 두 가지를 합친 멀티숍인 '코인워시'가 그것인데, 위례창곡점은 멀티숍 콘셉트로 운영하고 있다. 정 점주는 의류 브랜드 회사를 다니다가 수선 전문점을 하게 되었다. 그러다 수선에 세탁을 접목하는 것이 수익적으로 나을 것 같아서 세탁 전문 프랜차이즈 가맹점을 운영하기로 결심했다. 정 점주가 〈크린토피아 코인워시〉를 시작한지 약 2년, 이

전엔 세탁편의점 콘셉트의 점포를 8년 동안 운영했다. 운영하던 점포는 가족에게 맡기고 위례창곡점에 코인워시 콘셉트의 점포를 낸 것이다. 브랜드와 본사에 대한 믿음이 있었기에 같은 브랜드의 점포를 또 시작할 수 있었던 것. 정 점주는 코인워시 점포를 운영하고 싶었던 배경을 "점주가 점포에 항상 나와 있지 않아도 24시간 운영이 가능했기 때문입니다. 고객들이 자신이 원하는 시간대에 찾아와서 언제든지 세탁 서비스를 이용할 수 있는 것이 강점이죠."라고 설명했다. 실제로 〈크린토피아 코인워시〉의 가맹점은 벌써 600호점을 넘겼다. 탄탄하고 내실 있는 운영과 고객 만족도가 높은 서비스 때문이다.

본사와 소통, 고객과 소통

정 점주는 온라인과 지면, TV광고 등의 홍보와 함께 고객들에게 인지도를 쌓은 브랜드이기에 〈크린토피아〉를 권한다고 한다. 본사에서 담당 영업사원들이 와서 궁금한 점을 풀어주고 안내해주는 것도 장점으로 꼽는다.

본사에서는 창업 시작 시 3주 정도 교육을 한다. 세탁공장을 통해 진행되는 교육은 옷의 종류, 접수, 검수 작업, 특수세탁에 대한 지식 등을 기본으로 한다. 정 점주는 본사의 교육덕분에 어려운 오염처리도 원활하게 해결할 수 있었다고 한다. 전문지식을 쌓아 고객들에게 자신 있게 대답을 해줄 수 있고 고객들의 욕구를 충족시켜줄 수 있었던 것이다. 본사는 정기적으로 교육을 실시해서 옷의 특성과 세탁에 대한 가맹점주들의 이해도를 높이고 있다.

정 점주의 청결한 점포 관리와 친절한 고객 응대도 위례창곡점만의 영업 비법이다. 이미 세탁편의점 콘셉트의 점포에서 노하우를 쌓은 정 점주는 언제나 즐겁고 행복한 마음으로 일하며 고객들이 만족할 수 있도록 최선을 다한다. 정 점주는 또 다른 〈크린토피아 코인워시〉 가맹점을 운영하고 싶다는 꿈을 위해 열심히 노력중이다. 고객의 이용도를 고려해 세탁기도 배치할 예정이다. 앞으로도 더욱 친절과 전문성을 갖춘 가맹점으로 성장하기를 기대하고 있다.

정연심 점주의 한마디···

모든 것은 경험이 우선

저에게 가맹점을 하고 싶다며 물어보는 손님과 지인이 많습니다. 인지도가 높은 브랜드의 가맹점을 운영하면, 따로 홍보를 하지 않아도 되고 본사에서도 전문적인 노하우로 관리를 해주기 때문에 일이 한결 수월합니다. 세탁 전문 서비스를 선택하려는 분들께 〈크린토피아〉를 적극 추천합니다.

| 본사 | (주)크린토피아 | 브랜드 콘셉트 | 대한민국 NO.1 세탁전문기업 |
| 총 창업비 | 별도문의 | | www.cleantopia.com |

최소한의 가이드, 최대한의 조력
〈수유리우동집〉 봉화산역점

김동현 점주는 부담 없는 가격으로 즐길 수 있고 맛도 좋아 〈수유리우동집〉을 오픈하게 되었다. 경험과 노하우로 자리 잡은 브랜드이니 본사의 도움을 받을 수 있다는 것도 장점이다. 최소한의 가이드라인으로 점주에게 이익을 주는 지금의 시스템도 매우 만족스럽다.

〈수유리우동집〉을 선택한 이유

김동현 점주는 10년 전 음식점도 해보았고, 슈퍼도 운영해보았다. 회사도 다녀보았지만 한계를 느꼈다. 그러다 2016년 5월 〈수유리우동집〉을 오픈했다. 오픈 전 창업을 목표로 여러 프랜차이즈를 알아보니 〈수유리우동집〉은 가성비가 좋았다. 외식 물가가 올랐으나 김밥 한 줄이 2,500원이고 우동은 4,000~5,000원대로 가격대비 만족스러운 맛이다. 우동은 수타면으로 만드는 데다가 육수를 끓이고 반죽을 하느라 재료 준비 시간이 걸리지만 주문 후 5분이면 대부분의 메뉴가 완성된다. 반조리 된 식자재보단 매장에서 준비할 음식이 많은 편이지만 그래서 더 맛있다. 김 점주는 〈수유리우동집〉은 전수 창업식으로 운영된다고 전

한다. 교육은 주로 식자재 준비와 조리법이다. 김 점주가 교육받을 당시에는 본점에서 한 달 정도 조리법을 가르친 뒤 실제로 매장이 운영되는 것을 확인했다. 고객들이 찾아오고 매출이 나오는 걸 보니 김 점주도 잘할 수 있을 것이라는 자신감이 생겼다. 오픈을 하고 상황에 따라 본사의 매니저가 도와주었다. 김 점주는 요리에 대한 관심이 많아서 외식업이 잘 맞았고, 맛있게 만들겠다는 마음으로 여러 번 시도하고 맛을 보았다. 고객들이 잘 먹었다고 말할 때가 가장 기쁘다. 〈수유리우동집〉 본사는 가맹점 수익 증대를 위해 원 팩 시스템을 도입하기보다는 매장에서 직접 조리할 수 있도록 기술을 전수한다. 이는 원가비용 절감 차원에서도 많은 도움이 되고 있다.

고객 특성에 따른 운영

김 점주는 상권을 어디로 정할지 고민을 많이 했다. 최종 두 곳을 두고 고민하던 중 본사의 추천으로 6호선 봉화산역으로 정했다. 김 점주의 말에 따르면 봉화산역점은 항아리 상권이다. 종점 지하철 역 앞 상가에 위치하다 보니 고객들이 기다리면서 정체할 수 있는 위치였다. 근처에 아파트도 있어 가족 단위의 고객들도 올 수 있는 곳이다. 메뉴 특성상 주부나 어르신 고객들이 많다.

유동인구가 많더라도 정체할 수 있는 고객인지 흘러가는 고객인지 알아야 한다. 홍보는 따로 하지 않는데, 사실 초보라서 홍보에 신경을 쓸 겨를도 없었다. 대신 기본적인 맛과 청결에 신경을 썼다. 그리고 실수를 했을 땐 보상을 확실하게 했다. 처음부터 목표 매출은 나왔고 지금도 조금씩 매출이 오르는 중이다. 혼밥족이 많아 점포의 테두리 쪽에 1인 좌석이 둘러져 있는 경우가 많지만 봉화산역점은 가족단위 고객의 특성에 맞는 4인 식탁형 좌석이다. 〈수유리우동집〉의 인테리어는 오래 보아도 질리지 않도록 단순한 편이다. 김 점주는 본사에서도 장기적으로 매장을 운영하기를 원한다고 전한다. 매출이 꾸준히 오르는 것에 보람을 느낀다는 김 점주는 앞으로 더 열심히 하겠다고 포부를 밝힌다.

김동현 점주의 한마디…

철저한 준비가 필요

창업하시는 분 입장에서는 큰 테두리만 생각하지만 매장 자체가 위생법이나 건축법을 신경 쓰지 않을 때가 있습니다. 이런 부분을 구체적으로 따져보아야 합니다. 그리고 준비를 많이 해야 합니다. 외식업은 몸이 축나는 일이니 자신에게 맞는지 충분히 체험해보는 것을 추천합니다.

본사 (주)물과소금
총 창업비 7,500만원 50㎡(15평)

브랜드 콘셉트 1978년 수유리 우동집 40년 전통의 상징
http://수유리우동집.com

본사의 전문성이 성공비결
〈커브스〉 위례점

〈커브스〉 위례점은 지난 2017년 여름에 오픈하고, 같은 해 12월에 라이징 클럽에 진입, 2018년 12월에는 베스트 클럽에까지 등극했다. 두 수상 모두 〈커브스〉 클럽 중에서는 이례적으로 짧은 기간에 올린 성과다. 장혜진 점주는 운이 따랐다고 했지만, 운만큼이나 끊임없는 노력이 뒷받침 됐기에 가능했다.

꼼꼼한 회원 분석과 전문적인 상담

장혜진 점주가 〈커브스〉를 선택한 이유는 '여성 전용 30분 순환 운동'에 대한 본사의 전문성을 믿었기 때문이다. 치과에서 1세대 코디네이터로 실력을 인정받았던 그녀는 본사의 전문 지원에 자신이 지닌 상담과 운동에 대한 지식을 더하면 충분한 시너지를 낼 수 있다고 확신해 창업을 결심했다. 위례점 오픈 이전에 우선 회원으로서 〈커브스〉를 경험했고, 첫 시험 무대로 광흥창 클럽을 인수해 운영 1년만에 전국 1위에 올려놓는 전적을 올렸다. 이사를 하고 지역을 옮기면서 새롭게 오픈한 클럽이 위례점이다.

장 점주는 위례점을 오픈하면서 광흥창 클럽 운영의 경험을 살려 주변 잠재회원들의 환경과 성향을 꼼꼼하게 분석

했다. 여성들은 직장인이든 전업주부든, 퇴직 이후이든 업무와 육아, 가사노동으로 인해 '재활'에 가까운 운동을 필요로 했다. 그녀는 생활스포츠 지도사, 노인 스포츠지도사, 스포츠마사지, 재활치료 등 잠재회원들에게 성실하게 조언해줄 수 있는 자격증을 취득하고, 실제로 상담을 하면서 상담자들에게 '결과'에 대한 믿음을 심어주었다. 회원으로 가입한 이후에는 〈커브스〉를 통해 이루고 싶은 목표를 듣고, 운동 때마다 제안과 보완을 해주면서 변화의 과정을 함께 체크해 나갔다.

회원들의 신뢰가 입소문 마케팅으로

"몸이 편해지면서 스트레스로 인해 우울했던 감정도 줄어들고, 무엇보다 아프지 않아서 정말 행복해요. 〈커브스〉 선택은 정말 최고예요." 전문성 높은 조언과 운동 지도, 그리고 체계적인 관리에 대한 회원들 대부분의 반응이다. 좋은 것을 경험하면 자랑하고 싶은 것이 사람의 심리다. 〈커브스〉 위례점 회원들은 〈커브스〉에 대한 만족감을 SNS와 지인들을 통해 이야기했고, 이야기는 바이럴 마케팅이라는 의외의 효과를 불러왔다. 덕분에 장 점주는 마케팅에 들일 시간을 전문성 심화와 회원 관리에 쏟아부을 수 있었고, 더욱 전문적이고 세심해진 지도는 회원들의 신뢰를 한층 더 높이는 결과로 이어졌다. 회원들의 칭찬 후기가 이어지면서 신입회원의 수 역시 점점 증가했고, 결국 1년 반만에 전국 3400여 클럽이 모인 가운데 베스트 클럽을 수상하는 영예를 안게 됐다. 장혜진 점주는 운동을 하는 사람과 도와주는 사람의 노력에 따라 결과가 매우 달라진다고 생각한다. 그래서 전문성을 향상시키기 위해 마냥 부족하게 느껴져 관련 공부를 다시 시작했다. 향후 〈커브스〉 클럽 1개를 추가로 오픈해서 운영하고 싶다는 그녀의 계획이 머지않아 이루어질 것으로 보인다.

장혜진 점주의 한마디…

점주의 전문성을 꾸준히 키워야

창업을 하려면 먼저 경험하고 좋아하는 업종과 믿을 수 있는 본사를 선택한 후에 열심히 꾸준하게 전문성을 키워야 합니다. 전문성은 고객에게는 신뢰를 주고, 스스로에게는 자부심을 심어줍니다. 정말 힘든 시간이지만 그 과정을 온전히 거쳐야 성공의 길로 접어들 수 있습니다.

본사 (주)커브스코리아	브랜드 콘셉트 여성만을 위한 30분 순환 운동
총 창업비 약 8,000만원 99~132㎡(30~40평)	www.curveskorea.co.kr

업종변경이 낳은 특별한 성공
〈버거앤프라이즈〉 동인천점

오랜 고민 끝에 정진 점주는 보쌈전문점을 정리하고 수제버거전문점을 열었다. 전혀 관련이 없어 보이는 분야로 업종변경을 했지만 그 선택은 탁월했다. 〈버거앤프라이즈〉 동인천점 정 점주의 성공 비결은 바로 아이템이었다.

신중한 고민 끝 선택

〈버거앤프라이즈〉 동인천점을 열기 전 정진 점주는 16년간 보쌈전문점을 운영했다. 하지만 투자와 노력에 비해 수익률이 만족스럽지 못해 업종변경을 고려하게 됐다. 빠르면 한두 달 안에 업종변경을 할 수 있지만, 정 점주는 신중하게 고민했다. 2~3년 동안 시장조사를 하고, 직접 자료를 수집하며 새로운 아이템을 찾았다. 소비를 주도하는 20~30대 젊은이들을 상대로 수익을 올릴 만한 아이템을 모색하다 보니 자연스럽게 '수제버거'라는 틈새시장이 눈에 들어왔다. 수제버거전문점을 여러 개 비교해본 결과 맛과 품질 면에서 〈버거앤프라이즈〉가 월등하다는 판단을 내렸다. 특히 동인천역 부근은 젊은이들이 선호할 만

한 식당이나 카페가 많지 않아 충분히 경쟁력이 있을 것으로 봤다. 이렇게 신중한 고민 끝에 〈버거앤프라이즈〉를 업종변경 아이템으로 선택했다. 정 점주의 예상은 틀리지 않았다. 오픈 당시 가상 일매출을 80만원대로 잡았는데, 3배를 웃도는 300만원대 매출이 발생한 것. 〈버거앤프라이즈〉 유용호 대표마저 놀랄 정도의 결과였다. 오픈 특수가 지나간 지금도 일평균 200만원대 매출을 유지하며 기대 이상의 수익을 올리고 있다. 정 점주는 동인천 상권이 유동인구가 많거나 젊은이들이 모이는 곳이 아니다보니 창업할 때 걱정을 많이 했지만 창업 이후 걱정을 한 번에 날려버렸다. 〈버거앤프라이즈〉의 상품성이 어려운 환경을 극복하게 했기 때문이다.

경쟁력에 노하우를 더해

정 점주가 업종 변경 전 가장 우려했던 점은 수제버거에 대해 잘 모른다는 것이었다. 하지만 〈버거앤프라이즈〉 본부의 점장 지원제도 덕분에 큰 어려움을 느끼지 않고 가맹점을 운영할 수 있었다. 경험이 풍부한 점장이 수제버거 만드는 법부터 위생관리까지 꼼꼼하게 알려주다 보니 전혀 모르는 분야라도 두려움을 없앨 수 있었다. 젊은 인력을 활용함으로써 인력관리가 훨씬 쉬워졌다는 것도 장점으로 작용했다. 과거 보쌈전문점을 운영할 때는 활용할 수 있는 인력이 중장년층 여성이었는데, 수제버거전문점은 남녀 구분 없이 젊은 인력을 구할 수 있었던 것. 점주들이 가맹점 운영에 가장 어려움을 느끼는 부분이 인력관리라는 점을 감안하면 만족도가 높을 수밖에 없다. 또한 수제버거의 특성상 신선도를 유지하는 게 관건인데, 매일 식재료를 공급받을 수 있어 위생적이고 건강한 햄버거를 만들 수 있었다.

정 점주는 맛과 서비스 질을 유지하기 위한 노력을 아끼지 않는다. 항상 직원들에게 첫 번째로 맛, 두 번째로 고객에게 마음을 전달하는 서비스, 세 번째로 청결을 강조한다. 〈버거앤프라이즈〉의 자체 경쟁력과 오랜 기간 외식업에 종사해 온 정 점주의 노하우가 더해져 성공 사례를 만들어낸 셈이다. 주변에 업종변경을 고려하는 사람이 있다면 〈버거앤프라이즈〉를 적극 권하고 싶다는 정 점주. 그의 이야기가 경영난에 시달리는 다른 점주들에게 희망이 되길 바라본다.

정진 점주의 한마디…

목표의식을 가져라

막연히 '남이 하니까 나도 창업이나 해볼까'라는 마음가짐은 곤란합니다. 어떤 아이템을 어떻게 운영해서 어떤 방향을 수익을 내겠다는 목표가 있어야 합니다. 본부의 노하우와 목표를 이루려는 점주의 성실성이 더해진다면 큰 어려움 없이 창업에 성공할 수 있지 않을까 생각합니다.

본사 버거앤프라이즈
총 창업비 별도문의

브랜드 콘셉트 신선하게 빠르게 맛있게, 신선한 국민 수제버거
www.burgernfriez.com

내가 찾던 완벽한 브랜드
〈커피베이〉 향남상신점

개인 카페 대신 프랜차이즈 카페 오픈을 선택한 신숙영 점주. 〈커피베이〉 브랜드의 콘셉트와 커피 맛에 반해 카페 사업에 뛰어든 케이스다. 꾸준한 매출로 매일매일 성장하는 〈커피베이〉 향남상신점의 1등 가맹점 운영 비결은 무엇일까.

철저한 분석에 따른 결정

신숙영 점주의 〈커피베이〉 향남상신점은 오픈한 지 얼마 안됐을 때부터 빠르게 입소문을 타 유명해진 향남 지역의 인기 카페. 개인 카페 운영을 준비하던 신 점주는 급변하는 트렌드 속도에 맞춰 다양한 콘셉트와 메뉴로 고객을 충족시킬 카페 프랜차이즈점 운영을 결정하게 됐다. 주변 상권에 완벽히 녹아들 수 있는 프랜차이즈 카페 업체를 찾기 위해 반년이 넘는 기간 동안 남양, 안산, 평택, 안양 지역을 돌아다니며 브랜드를 분석하고 카페 창업에 전문성을 기하려 커피 자격증을 취득하는 등 노력을 게을리하지 않았다. 이러한 노력 덕분에 지금의 〈커피베이〉도 가능했다.

신 점주가 〈커피베이〉 가맹점 개점을 결정하게 된 이유는 그녀의 모든 기준에 부합하는 완벽한 브랜드라는 믿음이 있었기 때문이다. "원두의 풍부한 향과 맛, 아늑하고 포근한 분위기의 점포 인테리어에 큰 매력을 느꼈습니다. 또 고객이 하루에 2~3회를 방문해도 부담 없이 즐길 수 있는 합리적인 가격대의 음료가 형성되어 있는 점도 매우 좋았고요."
〈커피베이〉 본부의 지원과 교육 시스템 역시 신 점주의 마음을 사로잡았다. 점주들의 건의나 개선방안을 즉시 수렴하고 빠른 조치로 대응하는 강점에 더욱 신뢰가 갔다고. 〈커피베이〉 향남상신점은 본부의 적극적인 지원과 점주의 책임의식이 매출로 직결된 바람직한 성공 사례다.

고객 행복이 성장의 원동력

지금은 눈코 뜰 새 없이 바쁜 매장이지만, 신 점주 역시 가맹점 오픈 전엔 '이 위치에서 카페가 잘 운영될 수 있을까' 라는 불안감을 떨치기 쉽지 않았다. 주변 상권이 활성화되지 않은 때라 고객이 일부러 카페까지 걸음하지 않는 한 매출에 굴곡이 클 것이 염려됐다. 그러나 카페 주변에 자리한 원룸 밀집 지역의 청년층, 제약 공단과 자동차 산업단지 내 직원의 방문이 이어지면서 입점 위치에 대한 걱정은 말끔히 해소됐다. 게다가 지역 내 주부들의 정보 공유의 장으로 불리는 인터넷 카페에 〈커피베이〉 향남상신점이 소개, 자연스레 입소문을 타며 주부와 가족 단위의 고객 수도 급격하게 늘었다. 고객과의 유대관계를 매우 중요시하는 신 점주의 친절과 감사의 운영 철학이 더해지니 재방문율이 높아지는 것은 당연했다. 고객 중심이라는 이상에 그치지 않은 신 점주는 〈커피베이〉 향남상신점의 모든 고객을 개인, 사업장 별로 분류, 쿠폰 북을 제작하여 특별 관리하고 있다. 매달 쿠폰 추첨을 통해 베이커리를 무료 제공하는 이벤트도 진행한다. 고객을 향한 감사의 마음이 카페 운영의 승패를 좌우한다는 철학을 가진 신 점주는 "고객들 덕분에 행복함을 느끼며 일할 수 있으니 더욱 밝은 에너지를 고객과 나눌 수 있는 사람이 되고 싶어요." 라고 말한다. 〈커피베이〉 향남상신점의 앞날은 신 점주의 희망찬 포부만큼이나 밝을 것이 분명하다.

신숙영 점주의 한마디…

고객 만족을 최우선으로

어떻게 하면 고객을 만족시킬 수 있을지 항상 연구하고 고민해야 해요. 음료 레시피를 철저히 지키며 정확한 맛의 음료를 신속하게 만들어 내는 것도 중요하지만 결국 카페처럼 사람을 자주 만나는 일은 사람을 좋아해야 할 수 있는 일이거든요. 늘 친절과 웃음을 잃지 않으며 모든 상황에 유연히 대처할 수 있는 긍정적인 마인드를 가져야 합니다.

본사 (주)커피베이
총 창업비 4,250만원 26㎡(8평)

브랜드 콘셉트 누구나 언제든지 맛있는 커피&디저트를 즐길 수 있도록
www.coffee-bay.co.kr

투잡의 편의성을 갖춘 브랜드
〈이제마스터디클럽독서실〉 인천간석점

사업을 하거나 직장을 다니면서 창업을 결심하기란 쉽지 않다. 그러나 어떤 아이템을 만나느냐에 따라 '투잡'은 꿈이 아닌 현실이 되기도 한다. 정성욱 점주는 그래서 확실한 콘셉트를 가진 브랜드를 찾았고, 그렇게 찾은 〈이제마스터디클럽독서실〉 운영은 매우 만족스럽다

'투잡'에 어울리는 최적의 아이템

정성욱 점주는 이전에 생활용품 판매 점포를 운영했다. 부동산 관련 사업을 하면서 투잡으로 선택한 아이템이었지만, 생각보다 손이 너무 많이 간다는 게 단점이었다. 일에 치이다 보니 가족과 함께 보낼 시간이 줄어든다는 것 또한 문제였다. 그래서 점포를 과감히 정리하고 새로운 창업 아이템을 찾던 중 '독서실'이 눈에 들어왔다. 매일 점포에 나가 관리를 하지 않아도 되는 아이템을 찾던 정 점주에게는 그야말로 안성맞춤이었다. 물론 어떤 업종이든 아르바이트생을 고용하면 점주가 반드시 자리를 지키지 않아도 된다. 하지만 아무래도 서비스 질이 떨어지고, 현금 관리가 어려워진다는 건 피할 수 없는 한계다. 정 점주는 독서실이 이러한 점에서 자유롭다고 판단했다. 지금도 정 점주는 일주일에 두세 번만 점포에 들른다. 회원 관리는 총무가, 청소는 용역업체에 맡기기 때문에 크게 신경 쓸 일이 없다고. 또한 회원들이 대부분 월정액 금액을 카드

로 결제하기 때문에 매출 관리가 용이하고, 밤마다 현금을 정산하지 않아도 돼 편리하다.

〈이제마스터디클럽독서실〉만의 고급스러운 인테리어 또한 정 점주의 마음을 사로잡았다. 가구가 원목이어서 초기 투자비용은 많이 들지 몰라도, 관리하기가 쉬워 재투자비용이 크게 발생하지 않는다. 벽돌로 장식한 벽은 차분하면서도 유행을 타지 않고, 시간이 지나도 도배를 할 필요가 없다는 게 장점이다. 정 점주로서는 '투잡'에 어울리는 최적의 아이템, 최적의 브랜드를 찾은 셈이다.

곳곳에 세심한 배려

〈이제마스터디클럽독서실〉 인천간석점은 크기가 475㎡(144평)에 달한다. 〈이제마스터디클럽독서실〉 가맹점 중에서도 가장 큰 규모다. 넓은 만큼 관리하기 어려울 수 있지만, 곳곳에 세심한 배려가 엿보인다. 독서실은 대부분 냉난방을 위해 시스템 에어컨을 가동하고 있는데, 효율적이긴 하지만 실내공기가 건조하고 답답해지기 쉽다. 그래서 냉방은 벽걸이 에어컨으로, 난방은 온돌을 적용해 이러한 문제점을 해결했다. 또한 너무 조용하면 연필 소리마저 거슬릴 수 있기 때문에 백색 소음기를 설치해 이용자들의 집중력 향상을 돕고 있다. 이 같은 세심함 덕분에 〈이제마스터디클럽독서실〉 인천간석점은 인근 주안이나 부평에 거주하는 학생이나 취준생들이 일부러 버스를 타고 찾아올 정도로 인기를 얻고 있다. 회원 대부분이 중고등학생이 아닌, 공무원시험이나 자격증을 준비하는 성인이라는 점도 눈여겨볼 만하다. 성인들은 미성년자에 비해 독서실 선택 기준이 까다로울 수밖에 없는데, 그들의 눈높이를 만족시켰다는 것 자체가 경쟁력을 보여주기 때문이다. 정 점주는 "유행 타지 않는 콘셉트 하나만으로도 브랜드에 만족합니다. 독서실은 임대업과 비슷합니다. 원룸을 빌려주듯 공부할 공간을 빌려주는 사업이기 때문이죠. 외식업만큼 단기간에 많은 수익을 기대하긴 어렵지만, 안정적인 수입원을 찾는 사람에게 독서실만큼 좋은 아이템도 없어 점포 입지와 브랜드만 잘 고른다면 한 번쯤 도전해보는 것도 좋은 선택입니다."

정성욱 점주의 한마디…

성공을 위한 세 가지 포인트

독서실 사업이 성공하기 위해선 입지, 인테리어 콘셉트, 낮은 임대료 세 가지가 갖춰져야 한다고 생각합니다. 요즘 프리미엄 독서실 바람을 타고 초기 창업비용이 늘어나는 추세입니다. 따라서 전문가의 도움을 받아 적절한 입지를 선정하고, 인테리어 콘셉트도 유행을 타진 않을지 진지한 고민이 필요합니다.

본사 (주)제로쉐도우
총 창업비 별도문의

브랜드 콘셉트 프리미엄독서실과 카페가 하나로
www.ejema.kr

믿을 수 있는 18년의 브랜드력
〈얌샘김밥〉 대치삼성점

한 번도 도전해보지 않은 분야에 발을 들이기란 쉽지 않은 일이다. 그러나 윤복희 점주는 신중한 고민 끝에 과감한 결단으로 후회 없는 결정을 이끌어냈고 그 중심에 프랜차이즈에 대한 신뢰가 있었다.

1년 간의 고민 그리고 업종 전환

윤복희 점주는 7년 동안 서울 삼성역 인근에서 문구점을 운영했다. 오피스 상권이라는 특성 덕분에 장사가 잘 되는 편이었던 데다가 남편과 문구점을 오랫동안 함께 운영했기에 많은 도움이 됐다. 하지만 7년 사이 시장이 변했다. 인터넷으로 사무용품을 주문하는 경우가 늘어나면서 예전만큼 매출이 나오지 않게 된 것이다. 새로운 돌파구가 필요했기에 윤 점주는 기존 업종을 고수하기보다는 과감히 업종을 변경하는 방향을 선택했다. 하지만 한 번도 외식업 분야에 발을 들여놓은 적이 없었던지라 두려움이 컸다. 밤잠을 못 이루고 고민할 때도 있었다.

1년간 고민 끝에 윤 점주가 선택한 건 〈얌샘김밥〉였다. 외

식업이 처음이라서 특별한 조리기술이 필요한 브랜드는 부담스러웠고, 분식집은 메뉴 선택의 폭이 좁을 것 같아 망설였다. 조리하기 간편하면서도 다양한 연령층을 만족시킬 수 있는 메뉴 구성을 갖춘 브랜드가 바로 <얌샘김밥>이었다. 윤 점주는 <얌샘김밥>이 18년이나 됐다는 말을 들었을 때는 깜짝 놀랐지만 그만큼 신뢰가 갔다며 상담을 받으면서 확신이 생겨 창업을 결심하게 됐다고 말했다. 합리적인 창업비용 역시 윤 점주의 마음을 움직였다. '참 양심적인 프랜차이즈'라는 게 윤 점주가 받은 인상이었다. 슈퍼바이저들의 꼼꼼한 지원과 본사의 체계적인 시스템도 <얌샘김밥> 대치삼성점이 자리를 잡는 데 큰 도움을 줬다.

힘이 되고 도움이 되는 가족들

윤 점주의 새로운 도전에 가장 큰 힘이 되어주는 존재는 바로 가족들이다. 특히 요리에 재능을 가진 딸이 든든한 조력자 역할을 한다. 윤 점주는 홀과 카운터를, 딸은 주방을 맡아 업무를 분담했다. "원래 딸이 요리를 잘해 재능을 어떻게 하면 키워줄 수 있을지 고민했어요. 만약에 딸 없이 혼자 해야 했다면 창업을 포기했을 지도 몰라요. 윤 점주와 딸은 아침 7시면 점포에 나와 오픈 준비를 한다. 몸이 고되고 힘들 때도 많지만 손님들이 맛있게 잘 먹었다는 인사를 할 때면 보람이 느껴진다.

윤 점주의 남편도 시간이 날 때마다 점포에 나와 일손을 거든다. 문구점을 할 때보다 육체적으로 고되긴 하지만, 업종을 변경하길 잘 했다고 느낀다. 오피스 상권의 특성 탓에 점심시간에 손님이 워낙 많이 몰려 처음에는 대처하기가 힘들었지만 이제는 일이 손에 익으면서 북적거리는 점심시간도 거뜬히 처리할 수 있게 됐다. 주말과 늦은 밤에는 손님이 없어 일반 직장인과 비슷한 패턴으로 생활할 수 있다는 것 또한 장점이다. 윤 점주는 새해를 맞는 소망으로 가족들과 직원들의 건강을 첫 손에 꼽았다. 몸이 건강해야만 손님들에게 항상 최상의 서비스를 제공할 수 있기 때문이다. 돈을 많이 버는 것도 좋지만 손님들이 기분 좋게 돌아갈 수 있었으면 하는 바람이 윤 점주의 진심이다.

윤복희 점주의 한마디…

처음부터 쉬운 일은 없다

창업을 하기 전 쉬운 일을 찾는 것보다는 어떤 어려움이 있더라도 헤쳐나갈 수 있다는 마음가짐을 갖는 게 중요합니다. 아침에 일찍 일어나서 일하다 보니 육체적으로는 힘들지만, 손님들이 맛있게 먹는 모습을 보면 보람을 느끼기도 합니다. 자신의 선택을 믿고 본사를 신뢰하며 진심으로 서비스하려는 자세를 가진다면 창업도 어려운 일만은 아닐 겁니다.

본사 (주)얌샘
총 창업비 5,200만원 33㎡(10평)

브랜드 콘셉트 먹을수록 취향저격, 기분 좋은 한 끼
www.yumsem.com

든든한 창업 교육 시스템
〈커피베이〉 군자점

엄마들이 커피를 마신 뒤 아이들의 흔적을 손님들이 직접 청소하는 카페가 있다. 점주가 그냥 두라고 해도 엄마들은 괜찮다며 밝게 웃는다. 커피 한 잔으로 깐깐한 엄마들과 주민들의 마음을 사로잡은 〈커피베이〉 군자점의 비밀을 공개한다.

안정적 일자리를 버리고 도전한 창업

카페 창업은 누구나 한 번쯤 갖는 로망이다. 한재석 점주도 마찬가지였다. 공공기관에서 안정적으로 일하던 한 점주는 평소 로망이었던 카페 창업을 위해 모든 것을 정리했다. 퇴사 후 한 점주는 각종 박람회나 설명회에 참석하고 여러 가맹본사와 상담을 하며 창업을 준비했다. 그리고 평소 자신이 자주 왕래하던 군자역 상권에 대해서도 꼼꼼하게 분석했다. 그러던 중 한 점주의 마음을 강하게 사로잡은 것이 〈커피베이〉의 교육 시스템이었다. 첫 창업인 한재석 점주에게 이론과 현장 실습이 균형 잡힌 교육은 무엇보다 중요했다. 〈커피베이〉는 본사에서 5일 동안 교육을 하고, 현장에서 4일 동안 실습을 한다. 여기에 전담 슈

퍼바이저들이 방문 교육도 한다.
한 점주는 "〈커피베이〉를 만나고 처음 창업을 하는 제게 든든한 지원군이 되어줄 것이라는 믿음이 생겼어요. 교육도 좋았고, 오픈 준비할 때도 슈퍼바이저가 저보다 더 열심히 준비해주셨어요. 지금도 저의 선택을 후회하지 않습니다"라고 말했다.

정이 넘치는 동네 사랑방으로 인기

〈커피베이〉 군자점 주변은 가구거리이다. 그러다 보니 이곳에 2018년 2월에 〈커피베이〉가 오픈을 했을 때에도 손님들이 가구점으로 오해하고 지나치기도 했다. 오픈 초기에 손님들이 많지 않았지만 한 점주는 초조해하지 않고 한 번 온 손님은 두 번 올 수 있도록 최선을 다했다.
한 점주는 늘 밝게 인사를 하고, 한 번 주문한 메뉴를 기억하고, 주부 고객들과는 육아 수다도 떤다. 점포 곳곳에 인형이나 작은 소품을 이용한 인테리어에도 신경을 쓴다. 어르신이나 아이들 때문에 자리를 뜨기 힘든 고객이 오면 직접 서빙도 해준다. 최근 미세먼지가 심해지면서 점포에 공기청정기를 설치하기도 했다. 이런 배려에 손님들은 감동했고, 단골이 되면서 친구나 가족들과 함께 오는 일이 많아졌다. 주부 고객들은 한 점주에게 어린 딸이 있는 것을 알고 자녀들이 사용하던 장난감이나 옷도 선물한다. 그렇게 〈커피베이〉 군자점은 동네 사랑방이 되었다.
한 점주는 〈커피베이〉 군자점이 커피만 파는 곳이 아니라 정을 느끼며, 모두가 소통하는 편안한 공간이 되길 바라고 있다. 커피 맛에 대해 칭찬을 받을 때도 기분이 좋지만, 손님들이 자주 찾아오고 마음을 나눌 수 있을 때 정말 큰 보람을 느낀다고 한다. 이렇게 본사의 시스템에 점주의 차별화 노력이 조화를 이루면서 〈커피베이〉 군자점은 안정적으로 자리를 잡으며 성장했다.
한 점주는 "손님이 아니라 이웃이라는 마음으로 대하고 있어요. 특히, 이곳은 동네 상권이라 사람 간의 '정'이 더 중요한 것 같아요. 정이 넘치고 사장과 손님이 밝게 인사할 수 있는 그런 카페로 성장하고 싶어요"라고 포부를 전했다.

한재석 점주의 한마디…

손님들과의 공감이 중요

손님들에게 하나라도 더 드리려는 마음으로 먼저 다가서야 손님의 마음을 움직일 수 있습니다. 그러다 보면 어느 순간 손님들이 저를 챙겨주는 일도 생기더라고요. 너무 이익만 따지지 말고 손님들과 공감하려고 노력하면 좋은 결과를 얻을 수 있을 것입니다.

COFFEEBAY

본사 (주)커피베이
총 창업비 4,250만원 26㎡(8평)

브랜드 콘셉트 누구나 언제든지 맛있는 커피&디저트를 즐길 수 있도록
www.coffee-bay.co.kr

아이템 · 노하우 · 상생의 성공!
〈도토리편백집〉 대학로점

〈도토리편백집〉 대학로점은 본사와 가맹점이 서로 절대적인 지지와 지원을 주고 받는 관계다. 대학로점 직원이 본사 오픈 매장을 지원하러 나설 정도로 서로에 대한 신뢰가 단단하다. 서로 직언과 조언을 하면서 동반성장하는, 그야말로 '상생'의 본보기다.

건강한 맛과 신선한 아이템

〈도토리편백집〉 대학로점 송성일 점주는 '안 되는 걸 잘 되게 하는 성향' 때문에 잘 운영하던 타 브랜드를 접고 1호점을 냈다. '편백', 그리고 '찜'이라는 콘셉트가 웰빙식이면서 건강식이라서 트렌드에도 잘 맞고 '깔끔하고 건강해서' 고객들에게도 자신있게 권할 수 있다는 자신감에서다.

"본사 대표님과 예전부터 알고 지내는 사이였습니다. 사업을 시작하는데 1호점을 해보면 어떻겠냐는 제안에 망설이지 않고 받아들였습니다. 전에 없던 콘셉트라서 새로 일궈나가는 재미도 있을 것 같았고, 같이 해서 잘 되게 하면 좋겠다는 마음이었습니다."

대학로점은 오픈하면서 바로 상승곡선을 타서 현재 월 1

억 3,000만원 이상 매출을 올리고 있다. 송성일 점주는 비결로 직원들을 꼽았다.

"직원들이 예전부터 일해서 10년을 같이 한 사람도 있고, 아르바이트생도 3, 4년씩 함께하고 있습니다. 직원이지만 점주 마인드로 일해주니 고맙죠."

상생이 성장을 부른다

〈도토리편백집〉은 방송 '맛있는 녀석들'에 소개되면서 주목 받았고, 송 점주가 직접 방송에 나온 장면을 편집해 매장 입구에 상영하도록 설치했다. 방송을 보고 호기심에 끌려 들어온 고객은 건강하고 기분좋은 맛에 반하고 다음엔 가족이나 친구들을 데리고 또 왔다.

"월 3,000만 원 매출로 시작해서 지금까지 왔습니다. 그동안 단골 고객이 늘고 입소문이 나서 1시간 걸려서 찾아왔다고 하는 분들도 있습니다. 비결이랄 게 없어요. 남녀노소 모두 좋아할 메뉴와 친절하고 세심한 서비스라는 기본을 착실하게 다졌습니다."

샐러리맨이었던 송 점주는 나이먹고 진급할수록 도태되는 상사들을 보면서 50~60대까지 회사를 다닐 수 있을까, 내 노력으로 할 수 있는 건 뭘까 고민에 빠졌다. 그러다가 '한 살이라도 젊을 때 해보자'는 각오로 외식업에 뛰어들었다. 외식업을 택한 이유는 '돈 벌 거 같아서'. 지금 생각하면 무모한 도전이었다고.

프랜차이즈를 택할 때 본사 마인드를 꼭 확인했다는 송 점주는 '본사 대표와 가맹점주가 인간 대 인간'이라는 관계를 맺어야 한다고 얘기했다. 본사가 점주를 돈 버는 도구 쯤으로 보면 안 되니까. 그런 면에서 〈도토리편백집〉 최은영 대표는 신뢰할 수 있었고, 문제점에 대한 직언과 건의사항에 대해서도 바로 본사의 피드백이 온다. 상호간에 커뮤니케이션이 잘 되고 있어서 더 운영이 수월하다고. 이것이 '상생'이고, 상생이 잘 이뤄질 때 가맹점도 더욱 크게 성장할 있다는 것이 오랜 경험에서 나온 송 점주의 노하우이기도 하다.

송성일 점주가 이르길…

기본에 충실한 것이 중요한 비결

막 시작하는 브랜드는 홍보가 중요하지만 전 오픈 때부터 그런 개념이 없었습니다. 고객에게 친절하고, 서비스도 잘 해드렸습니다. 즉 기본에 충실한 거죠. 고객이 또 왔다고 하면 감사 인사와 함께 뭐라도 더 드려야죠 라고 얘기합니다. 실제로 아끼지 않고 더 드려요. 기분이 좋아진 고객이 재방문하고, 다른 고객을 이끌고 오기도 합니다.

본사 ㈜에이컨
총 창업비 별도문의

브랜드 콘셉트 찜&샤브 전문점
www.도토리편백집.com

서민교의 창업 패트롤

우량 가맹본부 선택하기

예비 가맹점주라면 누구나 우량본부를 선택하고 싶을 것이다. 여러 가지 기준이 있겠지만 가장 중요한 세 가지, 즉 허위과장광고가 없는 본부, 실력 있는 본부, 제대로 된 프랜차이즈 시스템이 있는 본부 등은 필수 체크 항목이다. 본부가 직접 홍보하는 곳이나 프랜차이즈 박람회 같은 곳에서 하는 말들이 아닌, 체계적이고 객관적인 정보만 믿고 분석하는 것이 바로 우량본부를 선택하는 가장 좋은 방법이다.

우수한 가맹본부를 선택하기 위해서는 사업에 대한 기본적인 지식을 가지고 있어야 한다. 사업 운영 기간, 가맹점 수, 브랜드 파워, 아이템의 매력 등 여러 가지를 봐야겠지만, 어느 한 부분의 비중만 높아서는 결코 좋은 프랜차이즈 본부라고 할 수 없다. 가장 좋은 방법은 프랜차이즈 패키지 시스템을 점포개발, 점포운영, 상품, 지원관리 등의 직무 유형별로 나누어서 검토해보는 것이다. 그렇게 하면 사업 능력은 물론 본부별로 장단점까지 비교, 검토할 수 있기 때문에 우량본부를 선택하기에 좋다. 부족한 부분은 11단계 중 3단계인 가맹상담 과정인 대면 부분에서 질문사항을 체크해 판단기준으로 활용할 수 있다.

프랜차이즈 패키지 시스템 체크 포인트

프랜차이즈 패키지 시스템을 체크하기에 앞서 크게 세 가지를 주의해야 한다. 첫 번째는 허위과장광고로, 무조건 매출 보장이라거나 늘 줄을 서는 맛집이라는 광고만 하는 곳은 의심해 볼 만하다. 많은 예비 가맹점주들은 인터넷 허위광고만 보고 브랜드에 대한 신뢰나 좋은 이미지를 가지는 경우가 많은데, 직접 알아보거나 체험하지 않은 것은 믿지 않는 것이 좋다. 실제로 허황된 광고로 계약금을 챙겨서 본부 문을 닫는 곳도 많고, 오픈하기 전부터 나몰라라 하는 곳도 많기 때문이다. 두 번째는 가맹본부의 실력이다. 가맹사업에 대해 잘 모르는 사람이 정보 서치, 전화나 대면 미팅만으로 실력을 파악하기는 쉽지 않기 때문에 혼자 또는 가족만 의견을 나누는 것보다는 좀 더 믿을 수 있는 프랜차이즈 전문가와 상담하는 것이 좋다. 세 번째는 프랜차이즈 시스템이 제대로 정립돼 있는지를 확인해야 한다. 실력도 있고 아이템도 좋고 브랜드력도 있다고 하더라도 프랜차이즈 시스템이 미비한 경우는 매우 많다. 주먹구구식으로 프랜차이즈 브랜드가 발전해 온 우리나라는 더욱 그렇다. 그래서 조금 힘들고 번거롭더라도 프랜차이즈 패키지 시스템 항목은 반드시 확인해야 하며, 관심 있는 브랜드뿐만 아니라 그렇지 않은 곳이더라도 체크해 본다면 실패 확률은 낮추고 성공 확률은 높일 수 있을 것이다.

프랜차이즈 패키지 시스템 항목 확인

구분		가맹본부 선택을 위한 질문 확인 항목	유	무	비교
프랜차이즈		가맹사업 경영이념 및 경영전략 가맹점 전개 전략 가맹점 운영 전략 마케팅 전략 인사조직 전략			
입지 상권조사(점포개발) 예상매출액 의무제공		객관적·과학적 입지, 상권조사 분석모델 사업계획서 작성모델 매출 예측 및 사업 타당성 분석모델 개설 매뉴얼(가맹안내부터 신청까지)			5단계 참고*
운영	개점 시	점포개업 매뉴얼 - 상품 입고부터 오픈, 판촉 행사까지 개점계획서 작성 폼			9단계 참고
	영업 시	체계적인 운영 매뉴얼 점주 및 직원 평가 시스템 점주 인텐시브 시스템 구축, 시행 슈퍼바이저 경영지도 시스템 부진점 진단 및 활성화 기법			11단계 참고
상품화 계획 (merchandising)		머천다이징 콘셉트, 전략 상품관리의 체계 재고관리 조사와 손실 대책 상품발주, 물류 시스템 체계 구축 상품 매뉴얼(외식조리매뉴얼)			
광고 홍보		창조적인 전략과 미디어 전략			
판매촉진		점별 판촉활동(오픈, 문제점) 계획 연간 전점 통일 판촉계획			
지원관리	점포건설	표준 SI(Store Identity) 매뉴얼 CIS(Corporation Identity System) A/S 시스템			8단계 참고
	인사교육	직원 CDP(Career Development Plan) 가맹점사업자, 아르바이트 교육 매뉴얼			
	점별회계	점별 회계지원 체계구축			

* P. 27~28 참고

03

프랜차이즈 아이템의 매력

가맹 본사를 선택할 때 가장 많은 사람들이
주의 깊게 보는 것이 아이템이다.
아이템은 유행하기 때문에
자신의 목적에 따라 항목과 종류를 선택해야 한다.
가장 중요한 것은 아이템을 본사보다
먼저 봐서는 안 된다는 것이다.
튼튼한 가맹 본사 아래에서만 좋은 아이템이
오래 그리고 밝게 빛을 발할 수 있다는 것을 잊지 말자.

재미있게 먹는 마라탕과 마라샹궈
〈라화쿵부〉 한양대점

이연옥 점주는 평소 취미대로 맛집 순회를 하던 중 〈라화쿵부〉 대림동 본점에 가게 됐다. 마라탕을 비롯해 마라샹궈, 꿔바로우, 샤오롱바오 등 너무나 맛있는 요리에 반한 이 점주는 바로 본사에 달려가 가맹점을 내고 싶다는 뜻을 밝혔다. 점주의 열정으로 시작한 한양대점은 짧은 기간에 왕십리 맛집으로 떠올랐다.

여기가 맛있다는 거기야?

샤브샤브와 포차 등 이미 다른 외식업을 운영하고 있어 어지간한 맛집은 다 꿰고 있고, 맛있는 요리도 한번씩 먹어본 이연옥 점주지만 〈라화쿵부〉의 마라탕은 새로운 매력으로 다가왔다. 당시에는 본사가 가맹사업 계획이 없어서 돌아섰던 점주는 가맹사업을 본격적으로 펼친다는 소식에 바로 가맹점을 오픈했다.

이 점주는 〈라화쿵부〉의 마라탕이 한국인들도 쉽게 받아들일 수 있는 맛이란 점에서 더욱 인기가 높다고 얘기했다. 중국 현지의 마라탕은 맵고도 독특한 향과 맛 때문에 진입장벽이 높은데 비해 〈라화쿵부〉의 마라탕은 얼큰하면서도 고소하고 담백하다. 탕의 매운 맛도 4단계로 선택

할 수 있어 처음 마라탕을 접하는 고객들도 마음 편하게 맛볼 수 있다. 이렇게 마라탕을 먹다보면 그 매력에 중독돼 더 향이 강렬한 마라샹궈도 즐기게 된다. "여기 마라탕 맛있다더라"라면서 소문듣고 찾아온 고객들이 첨부터 마라샹궈를 택하는 경우도 꽤 많다. 얼얼한 매운 맛에 잘 어울리는 중국인기 과일차 음료 차파이도 본사에서 수입해 점포에 제공하는데, 이 음료에 매혹된 고객들도 많다.

단골고객들 위해 서비스 하나라도 더

처음에는 한양대학교에 유학생들이 많아서 잘 될 거라는 예상을 했는데 오픈 이후 6개월이 넘어가자 한국인들이 더 좋아하면서 많이 찾아오고 있다. "대학가라서 어린 학생 고객들이 많은데, 조카들이 와서 밥먹는다고 생각하고 하나라도 더 챙겨주려고 합니다." 단골 고객들을 위해 마라샹궈에 원래 제공되지 않는 공기밥을 서비스로 주기도 하고, 많은 요리를 주문한 고객들에게 작은 안주를 내주기도 한다. 매 주말마다 오는 고객들도 있고, 포장을 해가는 고객들도 꽤 많다. 원하는 재료와 생각하는 가격을 얘기하면 그에 맞춰 마라탕을 준비해두고, 주문한 고객들이 가져가는 것이다. 포장 고객들을 위해 국물과 재료, 소스를 따로 포장해 집에서도 제맛을 즐길 수 있도록 세심하게 신경을 기울인다. 단골 고객들이 근처에 새로 생긴 마라탕 매장들에 갔다와서 이런 저런 정보를 안겨주고, '이런 메뉴는 여기도 있으면 좋겠다'라는 메뉴 제안은 적용하기도 한다. 있는 재료로 하나 더 만드는 게 어려울 게 없다는 이 점주의 유연한 태도가 〈라화쿵부〉 한양대점을 소문난 맛집으로 자리잡도록 했다.

〈라화쿵부〉는 요리도 재미있다. 질리지 않아서 좋다는 고객들 반응에 이 점주도 흡족하면서 고객들, 그리고 함께 일하는 매장 직원들에게 고마움을 느낀다. 이 점주는 기대하던 목표치를 달성하면 매장을 더 크게 늘릴 계획과 함께 가맹점을 한 군데 더 오픈하겠다는 계획도 가지고 있다. 이 기세대로라면 그 날이 멀지 않았다.

이연옥 점주의 한마디…

조카들이 온 것처럼 고객 대하기

한 명이라도 방문한 고객의 마음을 잡아야 합니다. 맛과 서비스에 만족한 고객은 또 방문하고, 입소문으로 다른 고객들도 방문하도록 도와주니까요. 어울리는 재료를 선택하도록 돕고, 맛있게 먹는 방법을 알려주고, 양 조절을 돕는 등 신경쓰니까 고객들이 맛있게 먹고 단골이 되더라고요.

 본사 ㈜화풍식품 브랜드 콘셉트 유행을 타지 않는 맛, 국내 최초 마라탕 프랜차이즈
총 창업비 별도문의 https://라화쿵부.com

같은 레시피 속 진한 손맛
〈진이찬방〉 심곡점

〈진이찬방〉 심곡점의 성미양 점주는 '원가와 이윤에 집착하는 음식이 아닌 정말로 맛있는 반찬을 내놓아 손님들이 즐겁게, 그리고 또 다시 찾게 되는 음식을 제공하는 것이 중요하다'고 말한다. 성 점주를 포함한 오픈 멤버 다섯 명이 똘똘 뭉쳐 만들어 낸 맛깔난 반찬을 맛보려는 손님들로 매장은 오늘도 북적인다.

든든한 지원군, 본사와 동료들

50~60여 가지의 메뉴를 단시간 내에 척척 조리해내는 〈진이찬방〉 심곡점 성미양 점주의 일과는 신선한 재료와 입맛을 사로잡는 양념장이 만들어낸 고소한 반찬 냄새와 함께 분주하게 시작된다. 2016년 5월 〈진이찬방〉 심곡점을 오픈, 개점부터 함께한 원년 멤버들과 3년 동안 손발을 맞춰가며 고객들에게 맛깔 나는 반찬들을 선보이고 있다. 성 점주는 〈진이찬방〉 가맹점 사업 시작 전엔 요리가 취미인 보험회사 직원이었다. 창업을 고려하던 시기에 주변 지인들로부터 반찬 전문 프랜차이즈에 관한 이야기를 듣게 됐고 〈진이찬방〉 브랜드를 조금씩 알아가게 되면서 창업에 대한 결심을 굳혔다. "화학조미료를 사용하지 않는

조리법에 믿음이 갔어요. 저도 아이들을 키우는 엄마이니 이런 부분을 더 꼼꼼히 따져볼 수밖에 없더라고요. 모든 메뉴 레시피를 제공해주고 제 실력이 부족한 부분은 조리장님이 직접 방문해 도움을 주기 때문에 든든한 지원군을 얻은 듯 했죠. 게다가 개점부터 같이 일한 직원들과 지금도 함께하고 있으니 두려울 게 없지요. 모르는 사람 다섯이 모여 가족보다 더 끈끈한 팀워크를 보여줄 수 있으니 동료들에게 감사한 마음이 커요." 덕분에 다양한 연령대의 고객층이 폭넓게 형성되어 있는 〈진이찬방〉 심곡점은 요일별 매출의 변화가 거의 없을 만큼 안정적인 매출을 내고 있다.

맛과 정성이 담긴 '맛있는' 반찬

심곡점은 운영을 잘 하다 보니 딱히 점포 홍보나 마케팅을 하지 않아도 깔끔하고 맛있는 반찬이 있는 곳으로 입소문을 타며 고객 칭찬이 자자한 우수가맹점으로 거듭나게 되었다. 당일 만든 반찬을 모두 소진할 수 있는 것도 성 점주와 직원들의 정성과 손맛이 더해진 훌륭한 반찬 맛이 고객들을 만족시켰기 때문이다. "똑같은 레시피를 제공받아도 음식 맛은 손맛에 따라 달라질 수 있으니까요."

덧붙여 검증된 맛의 조리법을 잘 따르는 것만큼 음식의 맛을 좌우하는 중요 포인트를 하나 더 꼽자면 절대 욕심을 부리지 않는 것이라고, "원가와 이윤만을 따지며 음식을 조리하지 않기, 요리하는 이의 감정이 음식에 그대로 담길 수 있음을 명심하고 즐거운 마음으로 반찬을 만들기, '먹을 만해요'라는 말이 아닌 '매우 맛있어요'라는 칭찬이 고객의 입에서 나올 수 있도록 늘 최선을 다하고 있습니다."

바쁜 점포 일로 피곤할 때도 많지만 점포를 찾는 고객들에게 환한 미소로 응대하는 성 점주와 직원들. 고객이 믿고 먹을 수 있는 마음이 담긴 정성 어린 음식에 행복의 기운도 함께 담아 전달하고 있다.

성미양 점주의 한마디…

맛있는 음식을 위해

원가와 이윤이 우선시되는 음식 아닌, 고객의 입에서 진심으로 '맛있다'라는 만족의 칭찬이 나올 수 있는 맛과 정성이 담긴 음식을 제공할 수 있어야 합니다. 다양한 반찬을 단시간 내에 조리해야 하므로 몸이 쉽게 지치지 않도록 체력 분배 또한 필요합니다. 한번 시작했으니 마지막까지 최선을 다 해야죠.

본사 진이푸드(주) **브랜드 콘셉트** 식문화의 기본을 지키는 성실한 기업
총 창업비 카페형 4,900만원 33㎡(10평), 배달 전문점 2,700만원 26㎡(8평) https://jinifood.co.kr

건강하고 맛있는 먹거리, 샐러드
〈샐러디〉 이화여대점

신선하고 건강한 샐러드를 안락한 분위기에서 즐길 수 있는 〈샐러디〉 이화여대점. 김수겸 점주와 그의 직원들이 함께 일구어낸 최상의 맛과 고객 서비스에 〈샐러디〉의 브랜드 파워가 더해지니 최고의 시너지 효과가 발휘되는 것은 당연할 수밖에 없다.

새로운 비전과 방향성

〈샐러디〉 이화여대점은 학기가 끝난 종강 기간임에도 브랜드만의 특화된 건강한 먹거리를 찾아온 교내 학생과 외부인들의 발길이 끊임없이 이어진다. 2016년 4월 점포를 오픈한 〈샐러디〉 이화여대점은 꾸준히 안정적인 매출을 이끌어내고 있는 명실상부 우수가맹점이다. 김수겸 점주는 기존에 없던 샐러드 아이템으로 도전장을 던진 〈샐러디〉 브랜드의 비전과 방향성에 관심을 갖게 됐다. 외식업계의 레드오션 장벽을 깰 수 있는 샐러드 메뉴에 확신을 얻어 사업을 결심하게 된 것.

김 점주는 "신선한 재료를 공급받을 수 있는 본사의 체계적인 물류 시스템과 합리적인 가격대에 형성된 〈샐러디〉 메뉴가 기존 패스트푸드의 고정관념을 깰 수 있는, 발전 가능성이 무한한 사업이라고 생각해 가맹점 운영을 결정

히게 되었습니다"라고 창업 이유를 설명했다. 특히 파이를 나눠 가지는 형태가 아닌, 전에 없던 파이를 새로 만들어 낸 것이 인상 깊었다고. 몸담고 있던 대기업을 나와 〈샐러디〉 사업에 뛰어든 것도 결국 사람들의 최대 관심사 중 하나인 건강한 먹거리에 대한 고찰과 해외 외식 트렌드에 크게 영향을 받는 한국 외식 시장의 구조를 만족시킬 수 있는 최적의 브랜드가 〈샐러디〉라는 것을 간파했기 때문이다.

신선한 샐러드와 고객 관리에 집중

맛과 위생에 중점을 두는 〈샐러디〉의 운영 방침을 엄격히 따르는 김 점주. 신선하고 건강한 메뉴 제공을 위해 조리실을 벗어나지 않고 끊임없이 노력하는 모습으로 직원들의 귀감을 사고 있다. 샐러드의 주재료인 채소들은 날씨와 계절 변화에 따라 신선도와 맛이 달라지는 변수가 발생할 수 있기에 더욱 신경 써야 한다고 김 점주는 강조한다. 신선하고 건강한 이미지를 추구하는 브랜드의 지향점을 지키고자 식자재 상태를 꼼꼼히 검수하고 수시로 위생 상태를 점검한다.

김 점주는 메뉴 개발에 열정적으로 참여하는 것으로도 유명한데, 인기 메뉴 중 하나인 '멕시칸랩'이 바로 김 점주의 작품이다. '멕시칸랩'은 얇은 토르티야 안에 입맛 당기는 매콤한 소스, 고기와 채소를 아낌없이 넣은 것은 물론, 바삭한 식감과 고소한 맛의 나초를 추가한 메뉴로 〈샐러디〉의 효자 판매 상품으로 자리 잡았을 정도다.

〈샐러디〉 이화여대점은 공격적인 홍보와 마케팅 활동 대신 맛과 친절한 고객 케어 서비스로 만족은 극대화하고 컴플레인은 최소화하는 것에 주력한다는 방침이다. 언제든 믿고 먹을 수 있는 건강한 샐러드로 입소문 타는 것이야말로 최고의 홍보 효과가 된다는 셈. 고객이 느낄 수 있는 아주 사소하고 세밀한 부분들을 캐치하고 보완하는 것과 더불어 고객의 불편 사항을 적극 수용해 빠른 피드백과 개선책으로 고객 컴플레인을 해결해 나가고 있다. 김 점주와 그의 직원들이 함께 일구어낸 최상의 맛과 고객 서비스가 더욱 빛을 발하길 응원하며 다른 점주들에게 목표이자 희망이 되는 성공 점포 신화를 계속 이어가길 기대해본다.

김수겸 점주의 한마디…

'인사가 만사'

직원들이 밝고 편한 분위기에서 효율적으로 일할 수 있으려면 우선 오너와 직원이라는 구분의 경계를 허물어야 합니다. 상하 관계가 아닌 상생의 마인드를 바탕으로 점주는 직원을 더 존중하고 격려하는 자세가 필요합니다. 성공 운영의 원동력은 결국 함께 일하는 직원들에게서 나오는 것이니까요.

본사 (주)샐러디	**브랜드 콘셉트** Eat Smart, Salady
총 창업비 별도문의	www.saladykorea.com

단골 고객에서 성공 점주까지
〈제주도그릴〉 당산점

자신이 좋아하는 것보다 더 잘할 수 있는 일이 있을까. 윤용섭 점주는 남다른 고기 사랑으로 〈제주도그릴〉을 오픈, 휴일 없이 일하며 고객과의 소통할 수 있는 시간을 늘리는 동시에 친절한 서비스 마인드로 고객의 마음을 사로잡고 있다.

노하우가 뭔지를 보여준 맛

윤용섭 점주는 대학교를 졸업하고 호텔에서 5년간 실무 경험을 쌓은 이력을 바탕으로 창업에 도전한 케이스다. 워낙 고기를 좋아하는데다 이전부터 한번쯤 창업을 해보고 싶다는 생각이 있었던 윤 점주. 〈제주도그릴〉의 단골고객이었던 그는 방문할 때마다 자연스레 이것저것 묻게 됐고, 당시 〈제주도그릴〉을 개인 브랜드로 운영하던 장천웅 대표는 그때마다 많은 조언과 노하우를 아낌없이 공유해줬다. 이후 윤 점주는 창업을 결심하게 된다.

하지만 아무 준비 없이 시작할 수는 없었다. 호텔을 그만두고 친동생과 전국 고깃집을 돌아다니며 맛과 서비스, 상권 등을 공부하며 창업을 준비했다. 하지만 3차 선별 과정

을 거친 원육과 직접 만들어내는 참숯을 통해 나오는 고기 맛도 〈제주도그릴〉이 역시 최고였다. 마침 가맹사업을 전개하고 있던 〈제주도그릴〉의 새로운 가족이 된다. 점포가 위치한 곳은 당산역과 약 200m 거리에 위치해 있는 곳으로 번화가는 아니지만 직장인이 많다는 특징이 있었다. 금세 입소문을 타고 회사 직원들의 회식이 이어졌다.

부지런한 자가 고객을 잡는다

오피스가였기 때문에 인근 점포는 주말에 모두 문을 닫았다. 하지만 윤 점주는 주말에도 문을 열었고 평일 고객들이 하나 둘 가족을 데리고 오기 시작했다. 이에 아이들을 위해 아이들용 식판을 따로 마련하고 기존 와사비가 들어간 주먹밥에 와사비를 빼거나 계란 등을 무상으로 서비스했다. 어른들 위주로 편성돼 있는 메뉴에서 이러한 배려는 고객들의 마음을 움직였다. 뿐만 아니라 고객의 얼굴과 선호하는 자리, 음식을 외웠다. 창가, 구석 각각의 고객이 선호하는 자리가 있고 이왕이면 그쪽으로 안내해 보다 편하게 식사를 즐길 수 있도록 했다. 메뉴가 제주도 음식에 베이스를 두고 있기에 호불호가 강한 편이라 고객이 원치 않는 반찬은 빼고 그를 대체한 반찬을 넉넉히 제공하고 있다. 이는 바쁜 시간 일거리를 줄이는 동시에 고객의 만족도도 올리는 일석이조의 효과를 가져왔다. 또 다른 지점에서는 없어진 멍게밥과 스지탕을 유지하고 있다. 단골고객들의 요청으로 본부에 양해를 구하고 별도로 운영하고 있는 것.

점포를 운영한 지 2년이 훌쩍 넘은 지금 여전히 매출은 상승세다. 모든 고객을 다 잡을 수는 없었지만 그 지역, 특색에 맞는 고객들의 특성을 분석하고 그에 맞춘 서비스를 실시한 것이 주효했다. 이 밖에 각종 SNS를 이용해 서비스를 제공하는 게릴라이벤트를 열고 고객과 댓글을 통해 소통하는 등의 노력도 더해졌다. 보다 나은 서비스를 위해 지난 2019년 10월에는 리모델링을 하기도 했다. 매장 업무 하나하나가 모두 즐겁다는 윤 점주. 향후 〈제주도그릴〉의 추가 개점, 나아가 자신만의 브랜드를 론칭하고 싶다는 바람이다.

윤용섭 점주의 한마디…

정말 하고 싶고 배우고 싶은 일

먼저 내가 잘할 수 있는 일인지, 내가 좋아해서 계속해서 들여다볼 수 있는 일인지가 가장 중요해요. 그래야 일에 자부심도 생기고요. 유행만 따라가다 보면 자연스럽게 이러한 부분들을 놓칠 수밖에 없습니다. 내 점포는 내가 제일 잘 압니다. 가맹점이란 이유로 본부에 미루기 보다는 적극적으로 문제를 해결하려고 할 때 발전하고 성장할 수 있다는 걸 잊지 마세요.

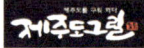

본사 (주)코라이징에프엔비	브랜드 콘셉트 청정 제주를 구워먹다
총 창업비 별도문의	www.jejudo-grill.com

개성있는 인기 메뉴, 갑오징어
〈조가네갑오징어〉 전북도청점

조금 더 편하게 일하기 위해서가 아닌 자신의 열정을 더할 수 있는 곳으로 〈조가네갑오징어〉를 선택한 전북도청점의 정명곤 점주. 꼼꼼한 분석력과 뛰어난 사교성을 바탕으로 창업에 도전, 꾸준한 매출 상승을 꾀하고 있다.

10년 단골에서 창업까지

〈조가네갑오징어〉 전북도청점 정명곤 점주는 10년 넘게 본사가 성장하는 과정을 쭉 지켜보던 중 가맹사업을 시작했다. 갑오징어라는 흔치않은 아이템과 뛰어난 맛, 꾸준한 성장률 등 직접 단골고객으로서 겪은 경험을 종합해 봤을 때 충분히 성공 가능성이 있다고 판단했다. 정 점주는 13년간 유명 주얼리 전문회사에서 영업일을 해오며 백화점, 아울렛, 소매점 등 다양한 곳에서 고객들과 접점을 가지며 나름의 서비스 노하우를 쌓아왔다. 이를 외식업과 접목해 푼다면 꽤 좋은 성과를 거둘 수 있을 것이라 생각했다. 이후 창업을 결심한 그는 가맹점이 입점하지 않은 지역인 전북에 자리를 잡기로 결정한다. 또 고향이 전주였기에 낯선 동네보다는 지역적 특색을 잘 알고 있는 곳이 적당하다는 판단에서였다. 물론 사업계획서를 바탕으로

경쟁 업종부터 입지선정, 마케팅 방법, 예상손익분기점 계산 등 일련의 과정들을 철저히 거쳤다. 이후 오픈한 점포, 매콤한 '갑오징어불고기', 깊은 육수를 바탕으로 시원하게 즐길 수 있는 '갑오징어전골' 그리고 아이들을 위한 '갑오징어가스'까지 갑오징어를 이용해 새로움을 더한 요리들은 고객들의 좋은 반응을 얻고 있다.

사력을 다해도 지나치지 않은 창업 초기

초반 본사의 지원으로 진행된 홍보와 마케팅. 하지만 경쟁업종, 고객성향, 상권 등에 따라 효율성을 높이는 것은 자신의 몫이었다. 현수막 광고, 각종 네트워크 활용, 신문 광고 등 본사 지원에만 기대지 않고 직접 발로 뛰었다. 특히 주변에 도청, 보훈청 등 관공서가 자리하고 있고 신시가지가 형성돼 있어 회사원들이 많이 찾는 특징이 있었기에 그 효과는 더욱 컸다. 또 그에 따라 기존 메뉴에서 양은 줄이고 가격은 더 저렴하게 점심 특선 메뉴를 선보였고 점심시간엔 앉을 자리가 없을 정도로 고객이 밀려왔다. 갑오징어 전문점이라는 새로운 콘셉트의 메뉴는 입소문을 타고 회식자리로 이어졌다. 이에 148㎡(45평)의 18개 테이블을 가진 전북도청점은 고객들의 발걸음이 주춤해지는 동절기에도 일평균 180만원 이상, 하절기에는 250만원 이상의 매출을 기록하고 있다. 발군의 서비스도 한 몫 한다. 반찬이 떨어지면 먼저 채워주고 메뉴를 맛있게 즐기는 법 등을 고객에게 살갑게 알려준다. 불만사항, 개선사항을 항상 귀담아 듣는 것은 기본, 현장에서 직접 발로 뛰며 구매, 재고, 조리, 고객 관리 등 모든 것을 총괄한다. 직원들에게도 공손과 친절을 강조한다. 은행에 다니던 아내가 일을 그만두고 카운터를 보며 고객 만족도는 더욱 높아졌다. 바쁜 시간 빠르고 확실한 계산은 물론 친절한 미소까지 정 점주를 포함해 기존 업종에서 일했던 장점들이 점포에 녹아들었다. 직원관리가 가장 힘들지만 열심히 일한 만큼 보람을 느낄 수 있도록 성과급을 지급하는 등 노력을 기하는 중이다. 직원이 자주 바뀌면 그만큼 서비스의 질이 떨어진다고 생각하기 때문. 정 점주는 향후에도 자만하지 않고 꾸준히 관리해 좋은 성과를 거두고 싶다.

정명곤 점주의 한마디…

플랜 B는 기본, 플랜 C도 필수, 계획성이 중요

구체적인 계획 없이 창업을 하면 어려움에 직면했을 때 쉽게 무너질 수 있어요. 막연한 창업이 아닌 예상손익분석도 해보고 어려운 상황이 닥쳤을 때 어떻게 헤쳐 나갈 수 있을지 플랜B, 플랜C 등 다양하게 세워보시길 바랍니다. 또 이전의 경험과 현재 창업하려는 분야에서 노하우를 활용할 수 있는 방법은 없는지 고민해보시는 것도 좋을 것 같습니다.

본사 (주)조앤이푸드   **브랜드 콘셉트** 이름값 하는 조가네갑오징어
총 창업비 7,400만원 66㎡(20평)   www.jonlee.co.kr

몸과 마음에 모두 좋은 운동
〈커브스〉 마들클럽

프랜차이즈 점주로서 가져야 할 것 중 하나는 브랜드에 대한 자부심이다. 점주가 브랜드에 자부심이 없다면 고객에게 사랑받기 어렵기 때문이다. 〈커브스〉 마들클럽의 박진숙 점주는 누구보다 〈커브스〉를 사랑하고 아낀다. 그것이 마들클럽이 전국 베스트 클럽은 물론 명예의 전당에 오를 수 있었던 가장 큰 이유일 것이다.

체육인도 사랑하는 운동 브랜드

마들클럽을 운영하고 있는 박진숙 점주는 체육을 전공한 체육인이다. 약 10년 전, 박 점주는 무릎 부상으로 수술을 하고 재활치료를 하다가 우연히 〈커브스〉를 알게 됐다. 효율성과 효과에 반해버린 박 점주는 2008년 회원이 되었고, 해당 점주의 제안으로 직원으로 일하면서 브랜드에 대한 애정을 이어갔다. 그러다 보니 결국 2011년 11월 마들클럽의 점주가 되었고, 벌써 만으로 8년째 운영하고 있지만 〈커브스〉에 대한 애정과 열정은 처음 못지않다. 지금도 매일 〈커브스〉의 옷과 양말을 착용하고 있을 정도다. 〈커브스〉가 완벽한 운동 브랜드라고 생각했지만 체육교사였던 박 점주가 점포를 오픈하겠다고 결심하는 것은 쉬운

일이 아니었다. 약 2년이라는 시간 동안 고민하고 또 고민했고, 결국 2011년 현재의 마들클럽을 양도받아 운영을 시작했다. 고민하면서도 여전히 〈커브스〉의 회원이었기 때문에 오히려 확신의 시간을 가진 것과 다름없었다. 누구보다 〈커브스〉를 사랑했기 때문에 자신이 있었고, 유난히 힘들었다고 말하는 때도 예년과 큰 차이 없이 운영할 수 있을 정도로 클럽은 안정궤도를 걷고 있다.

회원들이 모두 목표 이뤄

좋아하고 자신있는 일이라고 해도 체력적으로 힘들었기 때문에 점포 운영은 쉽지 않았다. 하지만 〈커브스〉에 대한 애정은 그런 시간조차 견딜 수 있게 했다. 몸과 마음에 모두 좋은 운동이라는 확신이 있었기 때문에 적극적으로 프로그램을 이해했고 누구보다 철저하게 매뉴얼을 따랐다. 〈커브스〉는 운동을 전혀 모르는 점주들도 성공적으로 운영하는 만큼 매뉴얼이 가장 좋은 길잡이라는 것을 알고 있었기 때문이다. 마케팅 역시 마찬가지다. 분기마다 있는 정규 프로모션에 마들클럽만이 진행하는 프로모션까지 더하면 1년 내내 마케팅을 한다고 해도 과언이 아닐 정도, 박 점주의 꾸준한 노력 덕분에 마들클럽의 회원들은 늘 열심히 운동하고 싶다는 동기부여를 늘 얻고 있는 셈이다.

박 점주의 한결같은 열정과 노력은 마들클럽을 본사에서 선정하는 전국 베스트 클럽 그리고 명예의 전당에까지 오르게 했다. 전국 베스트 클럽은 운영 및 관리 등을 기준으로 상위 10개 점포를 선정하는 것이고, 명예의 전당은 전국 베스트 클럽에 3년 이상 선정된 점포에 한한다. 그만큼 쉽지 않기 때문에 더욱 기쁘고 보람을 느낀다. 앞으로의 목표도 계속 명예의 전당에 오르는 것 그리고 회원들이 각자의 목표를 모두 이루는 것이다.

"마들클럽의 회원 전체를 베스트 회원으로 만들고 각자 목표를 달성했으면 좋겠어요. 베스트 클럽도 좋고 명예의 전당도 좋지만, 회원 모두가 각자의 목표를 달성하는 것이 가장 큰 보람이자 행복일 테니까요."

박진숙 점주의 한마디…

몸과 마음이 모두 행복한 공간

〈커브스〉는 운동 브랜드지만 운동을 전공하지 않아도 운영을 잘 하는 점주들이 있어요. 바로 열정과 노하우로 매장의 분위기를 리드하기 때문이죠. 〈커브스〉는 운동공간이지만 동시에 문화공간이기도 합니다. 저 역시 건강, 다이어트 등 회원들의 목표는 물론 즐겁게 운동하는 공간이 될 수 있도록 언제나 노력하겠습니다.

본사	(주)커브스코리아	브랜드 콘셉트	여성만을 위한 30분 순환 운동
총 창업비	약 8,000만원 99~132㎡(30~40평)		www.curveskorea.co.kr

맛에 대한 확신이 성공으로
〈연안식당〉 나혜석거리점

나혜석은 우리나라 최초의 서양화가이자 시인으로 시대를 대표하는 신여성이었다. 그녀를 기리는 수원 나혜석 거리에 〈연안식당〉 나혜석거리점이 있다. 김서진 점주도 나혜석처럼 진취적인 모습으로 식당을 운영하고 있다.

〈연안식당〉 수원 진출의 신호탄

〈연안식당〉 나혜석거리점의 김서진 점주는 결혼 후 아이를 키우던 평범한 주부였다. 그런 김 점주가 육아와 가정에서 벗어나 자신의 꿈을 찾기 위해 나선 것이 창업이었다. 결혼 후 처음 갖는 자기 일을 찾기 위해 김 점주는 누구보다 신중하고 열심이었다. 시장 조사 중 먹어 본 〈연안식당〉의 음식은 단번에 김 점주를 사로잡았다. 평소 요리도 좋아하고, 맛에 대해 일가견이 있다고 자부했던 김 점주에게 〈연안식당〉의 음식은 창업에 대한 확신을 하게 했다. 김서진 점주는 "제가 먹어보니 정말 맛이 있었고, 손님들도 좋아할 것이라는 확신이 들더라고요. 그래서 〈연안식당〉과 인연을 맺고 창업에 도전했어요"라고 설명했다. 그렇게 해서 〈연안식당〉은 수원 나혜석 거리에 문을 열었고, 이것이 〈연안식당〉의 수원 1호점이었다. 브랜드 인지

도는 높았지만, 수원에서는 처음 선보이는 것이라 성공에 대한 걱정도 있었다. 그러나 첫날부터 손님들이 문전성시를 이뤘고, 맛에 대한 김 점주의 확신은 성공으로 이어졌다. 이후 〈연안식당〉은 수원에 추가 점포를 오픈하면서 수원 사람들의 입맛을 사로잡고 있다.

항상 손님의 눈높이에서

김 점주는 오픈 후 별도의 마케팅이나 홍보에 큰 관심을 기울이지 않았다. 〈연안식당〉을 믿기 때문이었다. "〈연안식당〉 브랜드가 이미 많은 분에게 사랑과 인정을 받고 있잖아요. 본사 인지도가 있으니 저는 맛있는 음식으로 친절하게 손님들을 맞이하면 되는 거죠. 마케팅보다는 본연의 맛과 친절에만 집중할 수 있다는 것은 정말 큰 장점이었습니다.
카운터만 담당하고 주방과 홀은 직원들에게 맡기는 점주들이 있다. 그러나 김 점주는 카운터는 직원에게 맡기고, 홀과 주방을 오가며 실무를 담당한다. 손님들의 식사를 살펴보고, 음식에 대해 손님들과 대화도 나누면서 잠시도 쉬지 않았다.

음식 맛, 친절, 이용 편의성 등 손님들이 불편을 느낄 수 있는 요인들을 수시로 점검하고 개선했다. 이런 노력이 손님들에게 큰 점수를 얻으면서 신뢰를 쌓아갔다. 이제는 간식을 사오는 손님도 있고, 낮에 이곳에서 점심을 먹고 저녁에는 모임이나 회식을 위해 다시 방문하는 단골들이 늘어났다.
"내가 직접 느끼지 않으면 아무것도 개선할 수 없다고 생각해요. 손님의 눈높이에서 무엇을 개선할 것인지 계속 생각하고 바꾸려고 노력 중이에요. 카운터에만 앉아 있는 사장이 아닌 홀과 주방을 오가면서 직접 일할 줄 아는 그런 사장이 되려고 해요."
이런 노력 덕분인지 평소에 사람들 앞에 잘 나서지 못하던 그녀의 성격은 처음 오는 손님들과도 자연스럽게 대화를 할 수 있을 정도로 적극적으로 변했다. 성격을 바꾸면서까지 새로운 삶에 도전하고, 안주하기보다는 더욱 발전하려는 노력을 하는 김 점주의 앞으로가 기대된다.

김서진 점주의 한마디…

직접 부딪치고 열심히 뛰길

경기가 늘 좋을 수는 없습니다. 그러나 맛과 실력이 있고, 믿을 수 있는 브랜드를 선택한다면 꿈을 이룰 수 있을 것입니다. 전업주부였던 저도 해냈고요. 편하게 운영하려 하지 말고, 직접 부딪치고 발로 뛰면서 노력한다면 실패를 줄이고 성공할 수 있을 것입니다.

| 본사 (주)디딤 | 브랜드 콘셉트 밥도둑 해산물 회무침 꼬막비빔밥 전문점 |
| 총 창업비 별도문의 | www.yeonansikdang.co.kr |

반찬걱정이 이끈 창업의 길
〈국선생〉 목동점

워킹맘이면서 초등학생 학부모 입장에서 동네에 믿고 먹을 수 있는 반찬 가게 하나가 없는 것이 너무 아쉬웠던 한희정 점주. 본인뿐만 아니라 아이 친구 학부모들을 만나보아도, 매일 저녁거리를 걱정하는 것을 보면서 마침내 〈국선생〉의 문을 두드렸다.

친정엄마의 합격을 받은 〈국선생〉

고객보다 먼저 우리 아이에게 먹여야 한다는 생각으로 브랜드를 고르던 중 알게 된 〈국선생〉. 한희정 점주는 국내산 식재료와 무농약, 무항생제 등 좋은 식재료를 사용하면서 다른 반찬 브랜드와는 다르게 다양한 국 종류와 볶음, 찜 등 2500여 가지 종류의 레시피가 있어 믿고 선택했다. 무엇보다 지금껏 한 번도 반찬을 사먹어 본 적이 없는 친정엄마와 〈국선생〉의 다양한 메뉴들을 미리 먹어 보았다. 집밥처럼 맛있다며 친정엄마의 합격을 받은 브랜드가 바로 〈국선생〉이다.

목동점은 큰 아파트 단지에 많은 엄마들이 있고 한 점주 본인 또한 동네 주민이다. 오픈 전에는 주 고객층이 거의

젊은 엄마들 일거라고 생각했지만 입소문도 나면서 지금은 할머님들과 50대 어머님들, 혼자 식사 하시는 분들까지 다양한 고객층이 찾고 있다.

아직은 새내기라고 생각해 점포 운영에 최선을 다하고 본부 매뉴얼을 충실히 지키면서도 소비자 입장에서 생각한 다양한 의견도 본부에 충실히 제안하고 있다. 소비자와 본부를 연결하는 진정한 파트너가 되기 위해서다.

〈국선생〉에 다양한 의견을 제시하는 파트너

한 점주는 지금까지 해왔던 일과는 전혀 다른 업종을 선택했고, 또 여러 고객층을 직접 만나서 대응하면서 처음에는 두려움도 적지 않았다. 무엇보다 믿을 수 있는 좋은 먹거리를 제공해야 한다는 책임감에 나날이 어깨가 무거워지는 것이 사실이다. 매년 더워지기만 하는 여름과 더 추워지기만 하는 겨울, 채소류의 신선함 유지와 음식의 품질을 확인해서 제공하는 것도 큰 어려움이었다.

더운 불앞에서 하루 종일 국 끓이고, 반찬 하느라 고생한 주방식구들도 역시 고생이 많다. 하지만 〈국선생〉이 생겨서 너무 좋다며 매일 오시는 할머님들. 맛만 봐도 집에서 해먹는 밥처럼 느끼신다며 알아봐 주시는 주부 9단 고객님들. 아이가 나물을 안 먹는데 〈국선생〉 나물로 잘 먹기 시작했다는 고객들의 칭찬 하나하나에 너무 만족하는 일상이다.

무엇보다 매일 한 점주 본인의 아이들에게 좋은 음식을 믿고 먹일 수 있어 기쁘다. 신메뉴 선정에 있어서도 고객보다 먼저 아이들에게 무엇을 먹일지 고민하는 이유다. 실제로 한 점주의 아이들은 매일 국선생 메뉴를 먹고 있다.

〈국선생〉 목동점의 최대 강점은 단연 '친절'이다. 미소와 친절만이 한 번 더 점포를 오고 싶게 만드는 가장 큰 힘이라고 믿고 있기 때문이다. 앞으로도 우리 가족이 먹을 음식이라며 최선을 다하고 싶다는 한 점주. 한동네 사람들과 오래오래 건강한 세 끼를 함께하고 싶다는 바람이 엿보였다.

한희정 점주의 한마디…

철저한 시장조사가 성공의 지름길

창업은 잘된 사람 말만 듣고는 절대 시작할 수 없습니다. 철저한 시장조사와 상권분석을 하고, 무엇보다 내가 즐길 수 있는 분야를 선택한다면, 그것으로 반은 이미 성공입니다. 또한 선택한 브랜드에 대한 믿음과 확신을 가지고, 일에 대한 자신감이 있으면 분명히 좋은 결과가 나올 것입니다.

본사 (주)홈스푸드
총 창업비 5,900만원 33㎡(10평)

브랜드 콘셉트 엄마의 정성이 반찬이 되는 곳
www.homesfood.co.kr

프랜차이즈 업종의 탄생

프랜차이즈 사업은 소비자 취향을 민감하게 반영한다. 그래서 해외 유망업종을 선택해 라이센스 계약을 맺거나 국내의 트렌드를 고려해 아이템을 발굴하는 방법이 있다. 또 외국에서 유행하는 업종을 모방해서 국내에 맞게 개발해 론칭하는 방법도 있다. 업종은 시대에 따라 소득 수준에 따라 바뀌는데, 과거의 구멍가게나 소형 슈퍼마켓이 편의점으로, 원두커피전문점이 에스프레소전문점으로, 양산 베이커리가 베이커리전문점 등으로 변형되는 경우는 어렵지 않게 볼 수 있다.

1. 창업 아이템 개발 절차

일반적으로 프랜차이즈 등을 비롯한 창업 아이템은 일정한 절차가 있다. 사업 아이템 발굴을 위한 정보를 수집하는 것을 시작으로, 수집된 정보를 분석하고 사업 업종을 선정하며 매장 콘셉트를 설정하게 된다. 이 아이템이 프랜차이즈 사업으로 성공할 가능성이 있다면 프랜차이즈 유닛으로 표준화하는 과정을 거치고 CI, 네이밍 등을 개발해 구체적으로 사업화한다. 이후 매장운영 및 콘셉트를 개발하고 안테나 매장(실험 점포) 등을 운영하면서 피드백을 받아 개선해 나가는 것이 가장 보편적이면서 일반적인 과정이다.

이러한 과정은 쉽지 않기 때문에 많은 프랜차이즈 가맹본부에서는 생략하는 경우도 적지 않다. 그래서 제대로 된 아이템 분석 없이 직영점 개점과 동시에 가맹사업자를 오픈하기 때문에 운영 면에서 많은 허점을 노출할 수밖에 없고, 이는 가맹점사업자의 실패로 이어진다. 우리나라 가맹사업의 특성상, 브랜드가 실패를 해도 가맹점사업자가 피해를 거의 전부 떠안기 때문에 매우 위험하다. 그래서 가맹점사업자는 졸속 아이템이 아닌, 가능성이 있는 아이템을 충분히 조사하고 선택해야 한다.

많은 예비 가맹점주들은 아이템을 보고 본사를 결정한다. 메뉴가 맛있어 보여서, 인테리어가 나와 잘 맞아서, 지금 핫한 아이템이라서 등등이 그 이유가 된다. 그런데 역설적으로 말하자면 가맹계약을 할 때 가장 중요한 것은 아이템이 아니라 가맹본사의 능력이다. 많은 예비창업자들이 아이템으로 승부하려고 하지만, 큰 틀에서 아이템을 정하고 그중에서 가장 능력 있는 곳을 찾는 것이 먼저다. 여기서 능력 있는 가맹본사란 가맹점과 직영점 수, 3년간 개폐점 현황 등의 사항을 기재한 정보공개서, 평균 가맹점 운영 기간 정보, 오픈 예정 점포 인근 5개 점포의 매출액을 바탕으로 한 상하한 매출액, 가맹 계약 해지 사유, 계약 갱신 사항 등을 제대로 갖춘 곳을 말한다. 간혹 이러한 부분을 간과하고 가맹본사가 틀이 잡히지 않아 영세하고 아이템 외에는 볼 것이 없어도 함께 성장하자며 믿고 가는 경우가 있다. 이것은 매우 위험한 일이다. 내 전 재산을 다른 이의 성장에 투자할 수 있는 지를 조금만 고민하다 보면 답이 나온다. 게다가 지금 당장 핫한 아이템을 선택한다고 해도 몇 년 뒤는 물론, 가맹점주가 오픈을 할 때쯤이면 인기가 사그러들거나 치명적인 문제가 생겨 급격한 하향곡선을 겪을 수도 있다. 특히 폭발적으로 가맹점이 늘어나는 가맹본사는 더욱 꼼꼼히 따져보아야 한다.

2. 분명한 콘셉트 가지기

많은 프랜차이즈 업종은 시장에 진입한 후에도 콘셉트의 유지와 개선, 개량과 적절한 대응 변경이 지속돼야 유망업종이 될 수 있다. 가끔 부실 프랜차이즈 업종이 이전과 다른 아이템을 도입해 실패를 만회하려는 모습을 볼 수 있는데, 대부분은 더욱 하락이 가속화된다.

콘셉트가 불분명해지면 매출 하락→손익 구조 악화→폐점 등의 현상이 나타난다. 삼겹살을 판매했는데 매출이 좋지 않아 설렁탕을 팔게 되면 브랜드 콘셉트가 불분명해져 삼겹살도 설렁탕도 잘 팔리지 않게 되는 것이다. 이럴 때는 초기 설정된 삼겹살 브랜드에 어떤 문제가 있는 지 상품, 운영 콘셉트 등을 피드백해서 원래의 콘셉트를 유지 및 개발하는 것이 매출을 증대시키고 브랜드를 바로잡을 수 있는 가장 좋은 방법이다.

업종 생명주기 곡선

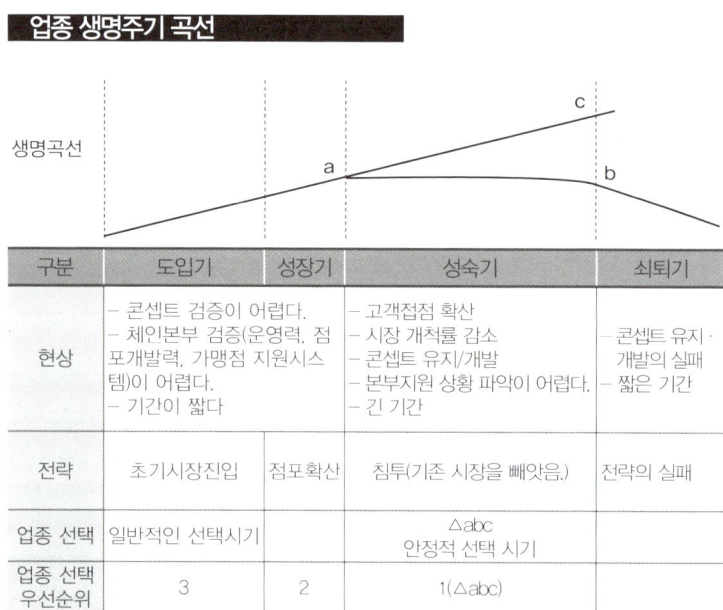

구분	도입기	성장기	성숙기	쇠퇴기
현상	- 콘셉트 검증이 어렵다. - 체인본부 검증(운영력, 점포개발력, 가맹점 지원시스템)이 어렵다. - 기간이 짧다		- 고객접점 확산 - 시장 개척률 감소 - 콘셉트 유지/개발 - 본부지원 상황 파악이 어렵다. - 긴 기간	- 콘셉트 유지·개발의 실패 - 짧은 기간
전략	초기시장진입	점포확산	침투(기존 시장을 빼앗음.)	전략의 실패
업종 선택	일반적인 선택시기		△abc 안정적 선택 시기	
업종 선택 우선순위	3	2	1(△abc)	

04

가맹사업의
성공을 가르는 입지

많은 예비창업자들이
가맹 사업을 시작할 때
가장 많은 시간을 고민하는 것이
바로 입지다.
입지를 판단하는 것은 예비 창업주가 아니라
가맹본사에서 해야 할 업무이므로
원하는 입지가 있다면
가맹 본사에 문의하고 견적 요청서를 요청해서
받아보는 것은 필수다.

세심한 고객 서비스로 쇼핑몰 입점
〈빵장수단팥빵〉 바우하우스점

오랫동안 만두 빚는 일에 매진해오던 진범균 점주. 그는 〈빵장수단팥빵〉의 신선한 맛에 매료됐다. 단팥빵뿐만 아니라 생크림 단팥빵은 어디서도 먹어보지 못한 맛으로 젊은층에게도 크게 어필될 것이라고 확신하며 창업을 결심했다.

대구에서 서울까지 난 입소문

"저는 만두 빚는 일을 했지만, 만두를 그리 즐겨 먹진 않았어요. 빵도 역시 즐겨 먹진 않았는데, 〈빵장수단팥빵〉의 맛을 보고는 다르다고 생각했어요. 기존 단팥빵과는 다른 특별한 맛도 좋았지만, 단팥빵 외에도 다양한 크림류의 단팥빵 등으로 인해 본사에서 메뉴가 제대로 개발되고, 관리 운영된다는 것을 감지했죠." 진범균 점주는 대구 본사 매장에서 한 달 동안 연수를 받고 현재의 〈빵장수단팥빵〉 바우하우스점의 문을 열었다. 2015년 말 문을 연 〈빵장수단팥빵〉은 서서히 인근 고객들로부터 발길을 모으기 시작했다. 물론, 창업 초창기엔 기존 단팥빵에 대한 인식으로 빵 가격이 비싼 것에 대해 고객들로부터 저항감이 있었다

고 한다. 하지만 그 맛을 보고 나서 고객들이 서서히 수긍했다. 그런 만큼 진 점주는 제품에 많은 집중을 기울였다. 점포를 운영하면서도 본사에서 꾸준히 메뉴개발을 해주고 있어 만족스럽다. 최근엔 본사에서 꽈배기를 신 메뉴로 출시해 반응이 좋다. 단순히 단팥빵 뿐만이 아니라 다양한 퓨전빵을 선보이고 있는 가운데, 소비자들의 니즈를 저격한 것이 맞아떨어진 것. 진 점주는 요즘 고객들은 달지 않고 부드럽거나 촉촉한 빵을 선호한다며, 고객 니즈에 맞는 제품개발이 본사 차원에서 꾸준히 이루어져 영업에 많은 도움이 되고 있다고 설명한다.

쇼핑몰 찾는 고객 위해 서비스 만전

〈빵장수단팥빵〉 바우하우스점은 쇼핑몰 1층에 입점해 있다 보니, 고객 서비스에 더욱 세심한 관리를 기울여야 한다. 본사로부터 교육을 받기도 하지만, 쇼핑몰 규칙에 따른 운영도 요구되고 있기 때문이다. 때문에 직원 교육은 철저히 시키되 직원들과는 격이 없이 가족 같은 분위기를 유지하려고 노력

한다. 고객은 다양한 연령층을 보이는데, 젊은층은 생크림류를, 나이 든 고객층은 단팥빵을 선호한다고. 대구에서 단팥빵으로 유명세를 탄 브랜드인 만큼 고객들이 먼저 알고 찾아오는 경우도 많다. 특히 각종 지역 행사에 단체로 빵을 주문해 매출에 도움이 되고 있으며, 꾸준한 단골고객들의 발길이 이어지고 있다.

진 점주는 "본사에서 지속적으로 제품 퀄리티를 체크하고, 점포 운영관리에 도움을 주고 있어요. 쇼핑몰에 입점해 그동안 손쉽게 영업을 한 측면도 있어요. 그래서 현재 하루에 2~3회 빵을 굽는데 그 횟수를 늘려나가 5~10회 이상 구울 수 있도록 도전해보고 싶습니다"라며, 인터뷰를 기점으로 다시 한 번 초심을 다지기도 했다. 〈빵장수단팥빵〉은 배달이나 할인, 세일 등의 이벤트를 전혀 하지 않는다. 그럼에도 불구하고 꾸준한 고객몰이가 이어지는 것은 브랜드력이라는 진 점주. 가맹점주는 오로지 매장에서 맛있는 빵과 고객서비스에만 주력하면 된다며 자부심을 내비친다.

진범균 점주의 한마디…

모든 것을 책임지는 것은 바로 점주

〈빵장수단팥빵〉은 본사에서 점주가 직접 점포를 운영하지 않으면 점포를 절대 내주지 않는 것으로 유명합니다. 그만큼 점주의 역할이 중요하고요. 이에 예비창업자는 점주가 직접 모든 것을 책임진다는 마인드로 점포에서 제품을 직접 만들고, 고객을 직접 응대하는 일에 게을리 해서는 안 됩니다. 항상 초심을 잃지 않는 것이 중요하다고 생각해요.

본사 (주)피쉐프코리아	**브랜드 콘셉트**	24℃ 72시간 저온숙성 편안한 발효
총 창업비 1억 1,500만원 50㎡(15평)	www.ppangjangsu.com	

영화관의 매출이 매장의 매출
〈라이스쉐프〉 상암월드컵경기장점

〈라이스쉐프〉 상암월드컵경기장점을 방문한 고객들은 두 번 놀란다. 반짝이는 예쁜 조명을 보고 카페인 줄 알았더니 김밥전문점이라 놀라고, 흔한 김밥인 줄 알았는데 다른 어디서도 먹어본 적 없는 풍성한 맛에 또 놀란다. 그제서야 고객들은 〈라이스쉐프〉가 '전국 3대 김밥'인 방배김밥에서 만든 브랜드라는 사실에 고개를 끄덕인다.

자꾸 생각나는 마성의 김밥

강남킴스클럽에서 튀김전문점을 운영하던 장은석 점주는 같은 푸드코트에 있는 〈라이스쉐프〉에 줄선 고객들을 보고 '방배김밥'이라는 아이템에 관심을 갖게 됐다. 〈라이스쉐프〉는 30년 전통의 불고기양념을 한 유부와 치자무 등 건강한 재료로 꽉 찬 방배김밥의 맛이 다른 어느 곳의 김밥과도 비교를 할 수 없을 정도로 특별하다는 것을 알게 된 것이다. 김밥 브랜드를 두루 가봤지만 〈라이스쉐프〉의 방배김밥 같은 풍성하고 뛰어난 맛과 매력이 있는 김밥은 없었다. 자극적이지 않고 간이 세지 않아서 슴슴한 방배김밥은 돌아서면서 자꾸 생각나는 맛이다. 아이들에게 먹여도 안심할 수 있어 아이 엄마들이 더 좋아한다. 김밥을

만드는 작업은 쉬워보여도 은근히 까다로운데, 장은석 점주는 〈라이스쉐프〉 본사에서 교육 받은 대로만 하면 어렵지 않다고 얘기했다.
"김밥이 손이 많이 가지만 만드는 재미가 있습니다. 재료가 소진되는 걸 보면 즐겁기도 하고요." 오픈 후에도 본사에서 1~2주 현장 지원을 나오는 것도 큰 도움이 됐다. 튀김전문점을 운영하고 있지만 김밥전문점 운영은 또 다른데, 오픈바이저가 실수하기 쉬운 부분을 알려주고, 바로 잡아준 덕분에 훨씬 부담을 덜 수 있었다.

효율적 운영으로 안정궤도에

장 점주는 같은 건물 안에 있는 메가박스에서 상영하는 영화에 따라 매출이 달라진다는 사실을 확인했다. 영화가 잘 되면 고객들도 많다. 영화 끝나는 시간에 우르르 몰려오기도 하는데, 저녁 9시 이후에 몰려올 때도 있어 즐거운 비명을 지른다. 봄이 오면 근처의 노을공원, 하늘공원에 나들이가는 사람들의 포장 주문이 늘 것으로 기대하고 있다.
〈라이스쉐프〉 상암월드컵경기장점은 오픈한 지 얼마 되지 않아 입소문 나면서 금세 자리잡게 됐다. 덕분에 배달앱을 통한 배달주문도 예상보다 빠르게 시작했다. 덩달아 장 점주가 가장 신경 쓰는 부분도 고객들의 리뷰다. 어떤 리뷰가 올라오고, 어떻게 답을 하면 좋을지 고객들의 반응을 연구하고 있다. 주고객층은 20~30대 커플인데, 최근 매장 맞은편에 키즈카페가 생기면서 주부 고객들이 늘어났다. 아이와 함께 먹을 수 있는 메뉴가 김밥 뿐이라 고객 요청에 따라 맵지 않은 우동을 추가할 예정이다. 또한, 메가박스와 협의해서 상영관 안에 김밥도 갖고 들어갈 수 있는 계획을 추진하고 있고, 하늘공원 행사 때도 적극 참여할 계획이다. 상암월드컵경기장점이 안정되면 2호점을 낼 계획도 가지면서 풍성한 미래를 준비하고 있다.

> 장은석 점주의 한마디…
>
> ### 직원이 편해야 점주도 편하다
>
> 어떤 일이든 직원을 관리하는 게 가장 중요합니다. 혼자 할 수 없어서 직원을 채용한 만큼 동료로서 편하게 해주려고 노력합니다. 일하는 사람들이 신경쓰지 않게 지적도 가능한 줄이고, 오히려 분수가 돼서 함께 놀고 일하는 동료처럼 서로 대할 수 있도록 하고 있습니다.

| 본사 | (주)이쉐프 코리아 | 브랜드 콘셉트 | 30년 전통 방배김밥 |
| 총 창업비 | 8,000만원 50㎡(15평) | http://ricechef.co.kr | |

작은 서비스도 소중하게
〈이화수전통육개장〉 용산아이파크점

〈이화수전통육개장〉 용산아이파크점의 박미영 점주는 오랫동안 롱런할 수 있는 프랜차이즈를 고심했다. 그녀는 100여 곳이 넘는 다양한 프랜차이즈 본부와 만남을 가진 뒤 마침내 〈이화수전통육개장〉과 인연을 맺었다.

발품으로 선택한 아이템

박미영 점주는 몇 년 전 외식업계에서 한식 열풍이 불 무렵부터 한식에 대한 관심을 키워왔다. 한식은 남녀노소 구분 없이 즐기는 음식이기 때문이다. 트렌드를 알기 위해, 서울 상권부터 인천 경기 할 것 없이 직접 발로 뛰고 음식을 먹어가며 식당을 찾아 다녔다. 그러던 중 주변 지인을 통해 〈이화수전통육개장〉을 추천 받았다. 그녀는 그곳에서 처음으로 육개장 맛을 보았고 곧바로 그 맛에 반해 버렸다. 당시만 하더라도 〈이화수전통육개장〉의 브랜드 인지도는 그리 높지 않았다. 이러한 우려를 해소하기 위해, 아침 점심 저녁 할 것 없이 매 끼니로 육개장을 먹어가며 육개장 맛을 섭렵했다. 이런 박 점주의 노력은 점차 〈이

화수전통육개장〉에 대한 신뢰와 확신으로 변화됐고 점포를 열기로 마음먹었다. 한식조리 자격증도 없었지만 창업을 할 수 있었던 것은 본사의 교육 덕분이었다. 본사 교육을 통해 노하우를 습득하고, 매일 사골 양지 육수를 직접 끓임으로써 변치 않는 이화수의 고유한 맛을 유지할 수 있었다.

창업 초창기는 매장 운영, 발주 모든 것이 어렵다. 때문에 1~2주 간은 본사 담당 슈퍼바이저가 매장에 매일 나와 업무를 도왔다. 발주에 문제가 발생하면 담당 슈퍼바이저는 직접 본사와 여타 다른 가맹점에 연락을 취하고, 즉시 식자재 수급 문제를 해결하는 등 그 역할을 다했다. 본사와 슈퍼바이저의 지속적인 도움 아래 점포는 점차 안정적인 운영이 가능하게 됐다.

사소한 것부터

박 점주는 점포를 운영하며 고객과 직원을 위해 사소한 것부터 챙긴다. 매달 명함 뽑기 이벤트를 진행하며 단골 고객을 유치하거나 작은 선물을 준비해 발렌타인데이, 화이트데이와 같은 기념일 또한 챙기며 고객사랑을 실천했다. 언제나 밝은 미소로 고객을 맞이하고, 소소한 이벤트까지 진행하는 것이 고객들로부터 사랑받는 비결이다.

또 점주는 매장 직원을 위해서도 많은 노력을 기울인다. "가장 중요시 하는 것은 마음 편하게 일할 수 있는 매장을 만드는 거예요. 사람은 제각기 달라 각자의 일하는 스타일이 다르죠. 그래서 저는 최대한 직원들 개개인의 스타일을 존중하고 믿고 기다립니다." 이러한 믿음으로 쌓아 올린 매장 〈이화수전통육개장〉 용산아이파크점에서는 표정이 좋지 않은 직원을 찾기 어렵다. 일하는데 필요한 물품이 있다면 곧바로 그 물품을 지원하고, 직원들의 생일까지 세심하게 챙기는 점주 노력 덕분이다. 말로만 직원들에게 잘하는 것이 아닌, 실천을 통해 직원사랑을 보여준다. 그래서 점주와 직원들은 한마음이 되어 더 열심히 일하고 있다. 이런 그녀의 향후 목표는 지속적으로 매장을 늘려, 믿을 수 있는 직원들과 함께 오랫동안 일하는 것이라고 한다. 고객사랑, 직원사랑을 실천하는 박 점주의 행보가 기대된다.

박미영 점주의 한마디…

직접 경험하세요

적은 돈으로 창업을 할 수 없는 만큼, 쉽게 생각하지 말아야 합니다. 스스로 노력할 준비와 흔들리지 않는 마음을 장착한 뒤, 시작하는 것을 권합니다. 다시 말해 가게를 직접 운영할 수 있는 준비를 마치고 일을 시작해야 합니다. 몸으로 직접 경험하고, 발로 뛰는 노력이야 말로 성공으로 가는 지름길이라 생각합니다.

본사 (주)에브릿
총 창업비 6,500만원 66㎡(20평)

브랜드 콘셉트 맛이 좋아 먹으면 즐거워지는 이화수 이야기
www.ihwasoo.com

오피스상권과 주거상권이 함께
〈브롱스〉 오목교점

〈브롱스〉 오목교점의 창을 활짝 열면 마주하고 있는 아파트 단지의 정원이 보인다. 근처에 주거지역이 형성돼 있고 회사 또한 많아 점포 운영이 안정적이고 기복이 없다. 첫 번째 매장에서 만족스러운 성과를 얻은 박봉선 점주는 현재 〈브롱스〉 2호점도 준비 중이다.

깔끔한 메뉴와 합리적인 운영

박봉선 점주는 결혼 후 육아로 몇 년간 경력단절의 시간을 보냈다. 첫째가 초등학교 4학년이 되던 무렵 박 점주는 창업에 대해 고민하기 시작했다. 직장생활만 해왔던 터라 커피, 디저트 카페 등 여러 창업 아이템과 브랜드를 살펴봤다. 그러다 수제맥주가 취향을 중요시하는 요즘 트렌드에 맞는 아이템이라고 판단했다. 〈브롱스〉를 선택한 것은 합리적인 수익구조와 시스템 때문이었다. 트렌디한 맥주 구성, 깔끔한 메뉴와 인테리어는 '나부터 오고 싶은 곳이어야 한다'는 박점주의 기준에 부합했다. 〈브롱스〉의 모든 메뉴는 기름에 튀기지 않는 오븐요리였고 12가지 맥주는 시즌별로 교체되었다. 직접 먹어보고 맛있어서 선택한 박

점주는 "3,900원이라는 합리적인 가격에 맛의 퀄리티까지 훌륭할 수 있었던 건 〈브롱스〉라는 브랜드의 구매 파워 때문이었어요"라고 설명한다. 합리적인 시스템과 군더더기 없는 메뉴 구성은 박 점주가 꼽는 〈브롱스〉의 경쟁력이다. 심지어 매일 오후 5~7시에 적용되는 해피아워에는 4가지 맥주가 2,500원에 판매된다. 피자도 조각별로 4,000원에 판매하고 있어 혼술족도 편안하게 찾는다. 초등학교 고학년인 두 자녀를 두고 있어 시간제약이 있는 박 점주에게 5시 오픈 이후 저녁시간에만 점포 일에 집중하면 된다는 점도 장점으로 작용했다. 그렇게 〈브롱스〉 오목교점을 오픈해 지금도 열심히 달려가고 있다.

성공의 8할은 위치선정

박 점주가 점포를 준비할 때 가장 중요하게 생각한 건 위치 선정이다. 아이템에 대한 확신은 있었기에 나머지 성공을 가름하는 8할은 점포위치에 있다고 생각했다. 처음이다 보니 너무 큰 상권에 들어가는 것은 무리수로 느껴졌다. 다양한 곳을 물색하다 주거지역과 회사가 있는 목동을 선택했다. 큰 상권은 아니지만 안정적이고 기복이 거의 없고 근처에 백화점이 있어서 유동인구가 꽤 많다. 평일에는 직장인이, 주말에는 아파트 주민들이 주로 찾는다.

"지역에 따라 손님들의 특징이 다른데 목동은 손님들이 매너가 좋고 수제맥주에 대한 취향도 있어요"라고, 운영한 지 1년이 되다 보니 단골도 늘었다. 일요일 저녁마다 운동과 사우나 후 코스처럼 〈브롱스〉 오목교점에 들러 같은 메뉴를 시키는 두 친구 손님도 기억에 남는다.

직원들에게는 청결과 친절을 1순위로 교육한다. 특히 청결함은 기본 중의 기본이라고 강조하는 박 점주는 인터뷰를 하는 동안에도 음료에서 떨어진 물방울을 수건으로 매번 훔쳐냈다. 메뉴판의 경우 시즌별로 신메뉴가 업데이트되고 소재 또한 두꺼워 따로 코팅이 필요 없지만 박 점주는 늘 깨끗하게 코팅해 닦으면서 사용한다. 청결은 지키면 간단한 일이지만 조금만 늘어지면 지키기 힘든 요소가 된다는 것이 박 점주의 철학이다. 〈브롱스〉 홍대점 오픈 준비로 바쁜 나날을 보내고 있는 박 점주는 두 개 점포 운영이 쉽지는 않겠지만 새로운 도전을 멈추고 싶지 않다.

박봉선 점주의 한마디…

현실적인 목표를 설정할 것

처음부터 목표를 허황되게 잡으면 안 됩니다. 무조건 잘 될 거라고 생각하는 것도 위험하고요. 현실적인 목표를 정확히 설정하고 만족할 수 있는 매출 선을 파악해야 합니다. 너무 큰 목표의식은 점주에게도 스트레스를 유발해요. 무엇보다 상권분석을 철저하게 하고 운영을 시작해야 합니다.

본사 (주)브롱스	**브랜드 콘셉트** 수제맥주 문화를 선도하는 기업
총 창업비 별도문의	www.pubbronx.com

최고의 맥주를 선택하다
〈생활맥주〉 양재점

말죽거리에 위치한 양재점은 친절한 서비스로 단골 고객을 확보하고 있다. 신선하고 맛있는 음식으로 고객들에게서 좋은 리뷰를 얻고 있으며 앞으로 점포를 확장하겠다는 목표를 가지고 있다.

맥주 라인업과 간편한 레시피

의류 브랜드에서 10년 넘게 숍 매니저 일을 하던 최인영 점주는 온전한 자신의 점포를 운영해보고 싶다는 꿈을 가지고 창업 박람회와 성공 창업 패키지에 다니며 창업을 준비했다. 의류 관련 창업을 알아보던 중 우연히 맥주전문점에 방문하고, 다양한 수제 맥주 메뉴를 선택할 수 있는 시스템에서 가능성을 보았다. 맥주 동호회에 다니고 〈생활맥주〉의 다른 점포를 둘러보며 시장조사를 한 후 〈생활맥주〉 브랜드를 선택하게 되었다. 본사와 상담하면서 이전에는 볼 수 없는 맥주 라인업과 간단한 조리법으로 가능한 고퀄리티 메뉴를 보고 확신을 했다.

레시피, 수제 맥주를 따르는 노하우, 고객 응대 등을 교육

받은 후 2016년 2월에 양재점을 오픈했다. 슈퍼바이저가 일주일 동안 디테일한 노하우를 알려주면서 운영을 도왔으며, 이후부턴 한 달에 한 번 점포를 방문하여 청결 상태, 맥주 관리, 레시피 유지 여부 등을 체크한다. 외식업이 처음이지만 쉬운 방법으로 맛을 보장할 수 있는 레시피와 매일 배송되는 재료 때문에 고객들에게서 메뉴가 맛있고 신선하다는 좋은 말을 듣는다.

최 점주는 오픈 초기에는 블로그와 SNS, 홈페이지로 홍보를 하면서 신규 고객을 모았고 고객 응대에 정성을 다하면서 단골 고객을 확보했다. 점포 운영에서 신선하고 맛있는 음식과 친절한 서비스를 가장 중요하게 생각한다. 언제나 초심을 잃지 않으려 노력하면서 기본에 최선을 다한다.

친절하고 센스있는 양재점

양재점은 말죽거리에 위치한다. 최 점주는 〈생활맥주〉에서 상권을 여러 군데 같이 알아봐 준 것이 도움이 되었다고 말한다. 최 점주의 지인들도 말죽거리를 추천해주었고 오피스 상권과 주거 상권이 어우러진 곳이기 때문에 이곳에 점포를 오픈하게 되었다. 주변 상인들 사이에서 최 점주의 별명은 로봇이다. 항상 웃는 표정으로 사람들을 대하기 때문이다. 최 점주는 일정 수준의 서비스를 꾸준히 유지하고자 한다. 긍정적이고 친절한 마음으로 점포를 운영하는 양재점에는 20대부터 70대 고객까지 방문한다. "멀리 이사를 가신 고객분도 양재점에 찾아 오신 적이 있어요. 포털사이트에서 검색하면 저희 점포의 리뷰가 많은 편입니다. 고객들이 양재점을 좋아해주셔서 보람을 느낍니다."

양재점 화장실 문 앞에는 '노크를 하는 게 좋겠어요'라고 크게 쓴 종이가 붙어있다. 〈생활맥주〉 티슈의 '손을 닦는 게 좋겠어요'라고 쓰인 문구를 보고 최 점주가 쓴 것이다. "개인영업을 했으면 알 수 없었을 작은 부분들을 본사에서 알려주고 있어요. 재료 준비가 된 상태에서 음식을 조리하니 저의 시간을 벌 수 있는 것도 장점입니다. 그리고 조리 시간이 줄어드니 더욱 고객 응대에 집중할 수 있어요." 최 점주는 양재에서 〈생활맥주〉가 가장 맛있고 친절한 점포로 기억될 수 있도록 노력하면서 더 넓은 곳에 2호점을 내기를 바란다.

최인영 점주가 이르길…

철저한 준비 후 본사와의 시너지

프랜차이즈 창업 시 시장조사, 아이템 개발, 점포 운영 전략에 대해 철저히 준비를 해야 하며, 좋은 파트너를 만나야 합니다. 무조건 본사에만 의존하는 것은 위험하며, 결정을 하는 것은 자신의 몫입니다. 본인의 철저한 준비가 있을 때 본사와의 파트너십이 시너지를 발휘할 수 있다고 생각합니다.

본사 (주)데일리비어	브랜드 콘셉트 대한민국 유일무이 맥주플랫폼
총 창업비 별도문의	http://dailybeer.co.kr

오랫동안 따뜻한 맛을 만드는
〈조마루감자탕〉 인천 남동구청점

맛있게 잘 먹었다는 인사가 가장 행복한 말이라는 김옥순 점주. 일은 고되지만, 자신이 만든 음식을 좋아하는 손님이 있고, 내가 할 수 있는 일이 있기에 김 점주에게 오늘 하루는 가장 행복한 시간이다.

노후를 생각한 창업

〈조마루감자탕〉 남동구청점은 지난 2015년 6월 김옥순 점주가 인수 창업한 점포다. 김 점주는 이미 약 12년간 분식점을 운영한 경험이 있다. 분식의 특성상 다양한 메뉴를 조리한 경험으로 김 점주는 재창업에 대한 두려움은 크지 않았다. 다만 첫 점주로 일했던 1990년대와 현재의 경제 상황은 너무 많이 달라 있었다. 하지만 시장 상황이 나쁘다고 집에서 소일거리로만 시간을 보낼 수는 없었다. 김 점주는 노후를 위해서라도 일을 다시 시작해야겠다는 생각으로 점포를 알아보던 중 평소 좋아하던 메뉴인 〈조마루감자탕〉을 떠올리게 됐다. "집 근처에 〈조마루감자탕〉 점포가 있었는데 한번 맛보니 계속 방문하게 되더라고요. 일단 맛

이 좋아서 브랜드에 대한 호감이 생겼고, 창업을 생각할 시기에 좋은 점포가 나와서 운영을 하게 되었어요."
〈조마루감자탕〉 남동구청점은 인천 만수동 지역의 항아리상권에 위치해 있다. 주변에 감자탕 프랜차이즈 브랜드만 3개가 넘는다. 여기에 2층에 위치한 점포는 접근성의 핸디캡을 지녔다. 하지만 김 점주는 오히려 정공법을 사용해 단골들의 집객을 유도했다. 〈조마루감자탕〉의 경우 식자재 구매가 자유로워 김 점주는 시장에서 직접 신선한 식자재를 구입해 사용하고 있다. 비용이 좀 더 들더라도 신선한 식자재로 조리를 한다는 것이 김 점주의 철칙이다.

질리지 않는 맛

현재 〈조마루감자탕〉 남동구청점에는 총 5명의 직원이 근무하고 있다. 운영 초반에는 24시간으로 운영하다 인건비 문제로 2년 전부터는 자정까지만 운영하게 되었다. 때문에 취객 손님으로 인한 문제는 크게 줄었다.
하지만 다양한 손님만큼이나 예기치 않은 문제로 마음고생 했던 지난 이야기를 해줬다. "어느 날 젊은 아이 엄마가 음식에서 머리카락이 나왔다고 항의를 한 적이 있었어요. 제 잘못이니까 일단 정중히 사과를 드렸는데 나중에 알고 보니 구청 위생과에 신고가 접수되었더라고요. 위생과 공무원들이 찾아와 위생검사를 하고 나서야 아무 이상이 없다는 확인을 받았어요. 문제는 그 신고를 한 손님이 지속적으로 찾아와 우리 점포가 계속 운영하는지를 지켜보는 거예요. 마치 저희 점포가 문을 닫기를 바랐던 사람처럼요."
그 이후로 김 점주는 손님과의 약속을 지키기 위해 위생과 서비스에 각별한 신경을 썼다. 외식 협회에서 진행하는 위생교육에 반드시 참석하고, 직원들에게도 철저한 교육을 했다. 한 번의 실수가 김 점주를 더욱 부지런히 만들어준 계기가 된 셈이다.
여행을 좋아하는 김 점주는 요즘이 제일 떠나고 싶은 날씨라며 주말에는 근교 나들이를 다녀오고 싶다는 계획을 밝혔다. 아울러 김 점주는 앞으로 서울에서의 제2점포를 가지는 것이 꿈이라고 말했다. 그 꿈을 이루기 위해 김 점주는 질리지 않는 따뜻한 맛을 꾸준히 만들고 싶다는 포부도 밝혔다.

김옥순 점주가 이르길…

최선을 다하는 마음으로

"남이 하니까 나도 해볼까"란 생각으로 창업을 시작한다면 말리고 싶어요. 점포를 운영한다는 것은 그리 단순한 일이 아니에요. 가맹점주가 된다는 것은 가게의 모든 부분을 통솔하고 매진해야 하는 사람이에요. 그만큼 많은 시간을 투자하고 희생해야 하는 부분이 많은 일이라고 생각해요. 분명 쉽지 않은 일이지만 그 속에서도 뿌듯함과 성취감을 느낄 수 있는 매력적인 일이라고 생각합니다.

본사 조마루	브랜드 콘셉트 대한민국 대표 감자탕 프랜차이즈
총 창업비 1억 5,000만원 165㎡(50평)	www.jomaru.co.kr

서민교의 창업 패트롤

입지 상권조사의 중요성

우리나라 창업 시장에서 입지 상권은 본사나 부동산업자 혹은 창업 컨설턴트의 제안을 받아서 결정하는 것이 일반적이다. 그런데 여기에 매우 큰 문제가 하나 있다. 바로 그 입지에 대해 객관적이고 합리적인, 즉 철저한 자료조사가 기반이 되어 있지 않다는 것이다. 집을 임대하거나 매매할 때는 부동산중개업자를 찾고 증권투자를 할 때는 애널리스트나 PB를 찾는 것을 당연시하는데, 창업을 할 때는 전문성을 보지 않고 구두로만 일을 진행한다. 성공 창업을 위해서는 선택한 가맹본부가 브랜드 파워만이 아닌 객관적 조사를 통한 입지 상권 분석 능력을 통한 예상매출액을 과학적으로 제공하는지 꼼꼼하게 살펴봐야 한다.

프랜차이즈뿐만 아니라 개인창업을 할 때도 입지와 상권조사는 매우 중요하다. 그런데 이것은 사실 가맹본부가 담당해야 하는 일이기 때문에 예비 가맹점주는 무엇보다도 가맹본부를 고르는 데 최선을 다해야 한다. 우리나라에서는 상권분석 시스템을 가진 곳이 극소수지만 존재하며, 꾸준히 인식이 바뀌면서 늘어나고 있다. 이러한 시스템을 이용하면 약 60%의 프랜차이즈 창업 성공률을 더 높일 수 있다. 물론 모든 것을 가맹본부에만 맡기지 않고, 예비창업자 본인도 시장 상황을 꼼꼼하게 살펴보고 원하는 상권이 가능성이 높은지를 가맹본부와 꼼꼼하게 체크하는 것은 당연하다. 하지만 입지 상권조사는 전문가가 아닌 예비창업자 본인이 할 수 있는 것이 아니다. 물론 충분히 공부를 하고 시장조사를 직접 할 수는 있겠지만 매우 많은 시간과 비용이 들기 때문에 이 부분은 가맹본부에 맡기는 것이 바람직하다.

입지 상권조사는 물리적인 장애, 교통시설, 집객시설 등의 영향으로 인해 형성되는 도보 통행인들의 흐름과 거주민들의 생활 및 구매 패턴을 토대로 상권 볼륨의 크기와 질을 평가해야 한다. 이를 바탕으로 점포가 출점할 수 있는 개별상권(Trade Area)이 형성되고, 개별상권 간에 영향을 주지 않는 상호 독립적인 특성을 가진 곳을 찾는 것이다. 이러한 절차 후 개별상권으로서의 가능성을 확인한 뒤 그 안에서 우수 후보지(Key Intersection)를 선정하고, 우수 후보지 가운데 최고의 입지(No.1)를 선정하는 과정이 바로 입지 상권조사라고 할 수 있다.

프랜차이즈 업계에서 입지선정과 상권조사는 매우 중요한데, 부진점을 출점하는 경우 추후 계약이나 오픈에 문제가 있는 것은 물론 추후 가맹점주와도 허위과장정보 제공에 대한 법적 분쟁이 있을 수 있기 때문이다. 일반적으로 본부는 예비 가맹점주의 출점 결정을 선호하는 경우가 많지만, 가맹본부도 가맹점주도 그렇게 해서는 안 된다.

가맹점 창업 경로

구분	응답자수(명)	비율(%)
예비 가맹점주 선택	224	59
개발상담자 권유	93	24.5
부동산 중개인 및 컨설팅 업체 권유	48	13
가맹본부 검증	13	3
기타	2	0.5
계	380	100

특별한 시장 조사 없이 결정된 점포는 어떤 것도 매출을 확신할 수 없다는 데 큰 문제가 있다. 아무리 전문가라고 하더라도 개별상권 내에서 우수 후보지를 선정하는 것은 체계적이고 정밀한 조사 없이는 섣불리 판단할 수 없기 때문이다. 그래서 입지 상권에 대해 잘 모르는 예비 가맹점주는 물론 부동산 중개인 및 컨설팅 업체, 심지어는 본부 직원이 조언을 한다 하더라도 제대로 된 시스템이 없는 한 처음부터 적지 않은 위험을 가지고 있는 셈이라고 할 수 있다.

물론 철저한 시장분석을 했다고 하더라도 100%의 성공을 확신할 수는 없다. 하지만 이러한 시장 분석을 해 두면 실패 가능성이 낮아지는 것은 물론 가맹본사와 가맹점주 모두에게 이익이 될 수 있다. 매출 부진으로 인한 법적 분쟁 시 가맹본사는 낮은 매출에 책임을 지지 않을 수 있으며, 가맹점주 역시 입지가 아닌 다른 부분에서 낮은 매출의 이유를 찾을 수 있기 때문이다.

* **간단한 입지 상권 분석 방법**

시간대 별 통행량을 산출해 예측한 내점객수의 흡인율을 곱한 뒤에 고객 한 사람이 구매하는 단가를 곱게 매출을 예측하는 손익계산서 산출 방법, 그리고 유사점을 가진 입지 상권평가를 한 뒤 후보지의 입지 상권을 비슷하게 재구성해 객관성을 강조하는 유사점 비교 분석 방법 등이 있다.

05

따로 또 함께
부부창업 & 동업

백지장도 거들면 낫다는 속담처럼
지난한 과정이 계속되는 창업 역시
부부 또는 지인들이 함께하면 좀 더 쉽게 할 수 있다.
하지만 그것은 잠시일뿐,
법적으로 명확한 계약서가 없다면
매출이 높아도 너무 낮아도
갈등이 생길 수밖에 없다.
이를 막기 위해 가장 좋은 방법은
제대로 공증을 받아 꼼꼼하게 작성된 동업계약서다.

부부가 함께 만드는 최고의 피자
〈빨간모자피자〉 고대점

오픈 3주년을 맞이한 〈빨간모자피자〉 고대점은 본사 브랜드력과 고퀄리티의 제품, 그리고 가맹점주의 성실하고 세심한 서비스가 만나 일군 최고의 모범 사례다. 매장 멀리서도 찾아오고, 권역 밖임에도 주문을 해오는 고객들이 바로 그 증거다.

다른 피자와 비교는 금물

〈빨간모자피자〉 고대점은 지역 커뮤니티에서 최고로 손꼽히는 맛집이다. 안암동 일대는 물론, 고대병원과 고대 학생 커뮤니티에서도 소문이 자자하다. 배달앱 리뷰도 "학교 커뮤니티에서 평이 좋길래 먹어봤는데 과연 그럴만하네요", "진짜 맛있어요"라는 칭찬 일색이다. 심지어 "피자 먹으러 이탈리아도 미국도 가봤는데 〈빨간모자피자〉가 최고였어요"라는 댓글도 달릴 정도다.

"맛있다. 맛집이다. 이런 얘기 들으면 기분 좋죠. 고객들에게 감사할 뿐입니다"라며 손성준 점주는 〈빨간모자피자〉의 피자 수준에 대한 자부심으로 가득하다. 재료를 보고, 직접 만들고 있으니 더욱 맛과 품질의 우수성을 자신있게

내세울 수 있다. 고객들도 한번 먹어보면 다른 피자를 먹을 수 없다고 감탄한다. 치즈 품질이 월등하고, 건강하고 고급스러운 맛이라서 특히 어머니들이 어린 자녀에게 안심하고 먹일 수 있다며 반긴다고. 단골고객인 고대 학생들을 비롯해 고대 병원에 입원했던 환자와 보호자들마저 퇴원한 뒤 다시 먹고 싶어서 주문하는 경우도 많다. 꼭 먹고 싶다는 요청에 배달권이 아니었지만 특별히 배달하기도 했다.

일단 한번 드셔보세요

손 점주는 34년을 다닌 직장을 정리하고 〈빨간모자피자〉를 오픈했다. 퇴직 후 임대사업과 김밥전문점을 운영하면서 여유를 누렸지만 한편으로는 서비스업을 해보고 싶은 마음도 있었다. 때마침 지인을 통해 〈빨간모자피자〉에 대해 알게 된 손 점주는 브랜드력과 피자의 우수한 품질, 조형선 대표에 대한 신뢰로 가맹점 운영을 결정했다.
〈빨간모자피자〉의 피자는 한번 맛을 보면 반드시 단골이 되는데, 눈에 잘 띄는 상권이 아니란 것이 걸림돌이었다. 이에 함께 매장을 운영하는 엄기춘 점주는 '손님이 왔을 때 확 땡기자'라는 전략으로 고객의 마음을 잡을 서비스를 제공했다. 매장에 방문한 고객에게는 '맛있게 먹고 나가게 해주자'라는 마음을 담아 방문 고객에게는 토핑도 더 듬뿍 얹었다. 어머니와 어린이 고객이 올 때는 주방에서 피자 만드는 법을 일부러 구경시켜 주기도 했다. "피자는 이렇게 만드는 거야~'라며 보여주면 어린이들이 아주 즐겁게 지켜보고 더 맛있게 먹어요. 어린이들이 '여기 맛집이야!'라고 가리키며 지나가는 걸 보면 뿌듯합니다."
최근에는 더 많은 고객들에게 맛있는 피자를 알리고 싶어 SNS이벤트, 체험단 리뷰 등을 통한 홍보에도 적극적으로 나섰다. 무료 서비스를 제공하겠다는 이벤트 약속을 지키는 모습에 더욱 감동받은 고객들의 홍보로 〈빨간모자피자〉 고대점은 '고대 맛집'에서 '서울 맛집', '전국 맛집'이 될 조짐을 보이고 있다.

손성준 · 엄기춘 점주의 한마디…

고객에 대한 예의를 지킨다

고객의 마음을 읽고 불편하지 않게 해주는 것이 가장 큰 서비스라고 생각합니다. 매장에 들어오는 고객에게 문을 열어주고, 포장이 흐트러지지 않게 단단히 묶고, 간단하게 포장을 풀 수 있도록 매듭을 잘 짓는 등 사소한 서비스지만 고객은 그 배려심을 잘 압니다. 고객의 고충을 이해하고, 예의를 잘 지킬 때 서로 윈윈할 수 있다고 생각합니다.

본사 (주)레드캡	**브랜드 콘셉트** 27년의 피자 노하우와 열정이 있는 순수 토종 브랜드
총 창업비 5,850만원 33㎡(10평)	www.redcappizza.com

경험 많은 두 점주의 콜라보
〈키햐아〉 혜화점

신선한 재료를 고집하고 친절한 서비스로 고객들을 대하는 〈키햐아〉 혜화점은 친구인 두 점주가 힘을 모아 운영하는 점포이다. 근처의 다른 음식점에서는 맛볼 수 없는 〈키햐아〉만의 감탄이 나오는 맛으로 고객들은 매장에 머무는 시간 동안 특별한 만족감을 느낀다.

청결과 맛으로 입소문

초등학교 때부터 친구인 김영복·김선욱 점주는 약 10년 동안 외식업에 종사하면서 나중에 함께 점포를 운영하겠다는 목표를 세웠다. 2018년 5월 〈키햐아〉 혜화점 오픈과 함께 드디어 두 점주의 목표가 이루어졌다. 〈키햐아〉 본사에 문의를 하고 상권을 알아보며 오픈하기까지는 5개월이 걸렸다. 두 점주는 주방에서 일을 했던 경험 덕분에 2주 동안 어렵지 않게 레시피 교육을 받을 수 있었다.

김선욱 점주는 일본 가정식이 잘 맞고 〈키햐아〉의 맛을 신뢰하여 브랜드를 선택했다고 말한다. "맛은 정말 최고라고 생각해서 골목에 들어와도 괜찮겠다고 생각했습니다." 오픈 후 처음에는 고객이 많지 않았으나 4개월이 지나면

서 단골 고객이 생기고 맛있다는 입소문이 났다.
대학로에 위치한 〈키햐아〉 혜화점에는 주로 20~30대 고객이 많다. 근처에 병원, 은행을 비롯한 회사들도 많이 꾸준히 고객이 방문한다. 단골 고객이 옆 테이블의 다른 고객에게 메뉴를 추천하고 맛을 보라며 대신 주문과 결제를 해준 경우도 있었다.
〈키햐아〉 혜화점은 직원이 많은 편이라 점포 운영이 원활하여 점주가 음식에 더욱 신경을 쓴다. 열심히 한다는 말이 가장 듣고 싶다는 김선욱 점주는 직원들이 친절하고 음식이 깔끔하다는 고객 후기가 많다고 전한다.

믿을 수 있는 품질

〈키햐아〉 혜화점은 최근 배달 서비스를 시작하고 있다. 정갈한 포장 용기도 고객에게 좋은 반응을 얻고 있다. 김영복 점주는 〈키햐아〉만의 독특하고 예쁜 플레이팅도 브랜드의 장점이라고 소개한다.
여름에는 냉소바, 냉우동이 특히 인기 있는 메뉴다. 두 점주는 고객의 반응을 확인하며 최대한 맛있는 음식을 내기 위해 노력한다. "신선하지 않은 재료는 쓰지 않아요. 오시는 고객에게 최선을 다한다는 생각을 합니다. 그러면 고객이 다른 고객을 많이 데리고 오시고 점포를 소개해주시는 편입니다."
김영복 점주는 고객이 재방문하고 싶어하는 점포로 일구어 나갈 것이라고 전한다. "고객이 매장에 왔을 때 특별한 만족을 느끼시면 좋겠어요." 근처에 〈키햐아〉와 비슷한 메뉴를 판매하는 음식점이 없으며 〈키햐아〉만의 간장을 베이스로 한 소스도 특별하기에 고객이 이곳을 찾는다.
두 점주는 〈키햐아〉 브랜드의 퀄리티를 신뢰하기 때문에 브랜드가 서울에서 그리고 전국에서 더 많이 알려지기를 바란다. 음식의 가격에 질 좋은 재료와 신선한 맛, 친절한 서비스가 포함되어 있다고 여기면서 직원들이 더욱 일하고 싶어 하는 점포로 만들기 위해 노력할 것이다.

김영복 · 김선욱 점주의 한마디…

완벽한 음식이 되도록

홀에서든 주방에서든 저희 스스로 음식을 하는 사람이라고 생각합니다. 음식을 최대한 맛있고 깔끔하게 고객께 전하고 싶은 마음이 큽니다. 예비창업자들이나 창업 중인 분들도 고객이 재방문하고 싶어하는 점포로 일궈나가기 위해 전력을 다해 매진하기를 바랍니다.

본사 (주)우리우스	브랜드 콘셉트 음식의 소통, 일본 가정식
총 창업비 별도문의	www.kihyaa.com

부부가 지킨 13년 장수매장
〈피자마루〉 우장산역점

〈피자마루〉 우장산역점은 동네 터줏대감이다. 주변의 크고 작은 상점들은 1~2년 안에 폐업하는 경우가 많지만 〈피자마루〉 우장산역점은 13년째 한 자리를 지키고 있다. 새로운 피자집들이 오픈을 해도 결국 고객들은 다시 〈피자마루〉 우장산역점을 찾는다.

언제나 한결같은 맛과 친절

〈피자마루〉 우장산역점은 박재용·임경빈 부부가 함께 운영하고 있다. 부부는 남편의 은퇴 후 아내의 자영업 경험을 살려 2007년 이곳에 〈피자마루〉로 새로운 인생을 시작했다. 박재용 점주는 "고객의 건강을 생각한 〈피자마루〉의 웰빙도우가 마음에 들었어요. 본사에서도 점주들에게 부담도 주지 않고, 배려를 많이 해줘요. 10년이 훨씬 지난 지금 생각해도 잘 선택한 것 같아요"라고 말했다.

두 점주는 아르바이트생 없이 둘이서 협력하며 성실하게 손님들을 맞이하고 있다. 점주가 직접 모든 것을 책임지다 보니 시간이 지나도 맛과 양이 변함없이 한결같다. 10년 넘게 매장을 운영하면서 손님들과 마찰을 빚은 일은

손에 꼽을 정도로 손님들에게도 항상 친절하다. 골목 상권에서 장사를 하는 만큼 맛은 기본이고 친절하고 성실한 자세가 중요하다고 생각하기 때문이다. 이런 노력 끝에 〈피자마루〉 우장산역점은 2018년에 본사에서 실시한 품질, 서비스, 청결, 종합평가에서 높은 성적을 기록하며 '2018 우수 가맹점'에 선정됐다. 2017년에도 가맹점 아이디어 공모전에서 우수상을 받은 바 있다. 단순히 10년의 세월을 버티기만 한 것이 아니라 꾸준히 노력하고 발전하면서 탄탄한 내실을 다져온 것이다.

수익보다 중요한 것

언제나 한결같은 성실함과 맛을 유지하자 경기가 안 좋거나 주변에 새로운 피자집이 오픈을 해도 큰 타격이 없다. 호기심에 새로운 피자집을 찾았던 손님들도 이내 다시 돌아온다. 손님들은 농담처럼 "10년 동안 이 집 피자에 길들여져서 다른 집에 못 가겠다"라며 웃는다. 10년 넘게 한 곳에서 장사를 하다 보니 꼬마 손님들이 성인이 되어 방문하는 경우도 있다. 그럴 때면 두 점주는 고향에 돌아온 자식을 맞이하는 것처럼 마음이 흐뭇하다. "손님들이 좋아하는 메뉴를 기억했다가 입맛에 맞는 메뉴를 추천하면 좋아하세요. 단골들과 이런저런 사는 이야기도 나누면서 가족처럼 지내고 있습니다."

두 점주가 매장의 확장이나 수익보다 중요하게 생각하는 것이 하나 있다. 바로 고객과의 스킨십이다. 박 점주는 "피자만 파는 것이 아니라 정을 나누며 살고 싶어요. 손님들과 호감을 갖고 반갑게 인사를 나누며 지내려고 노력합니다. 모두 한동네에 살고 있는 이웃이고 가족이니까요"라고 말했다. 두 점주의 모습에는 친절과 성실 그리고 사람에 대한 애정이 가득했다. 그런 마음으로 빚은 피자는 오늘도 손님들의 발길을 〈피자마루〉 우장산역점으로 유혹하고 있다. 두 점주는 체력이 허락할 때까지 지금처럼 성실한 모습으로 〈피자마루〉 우장산역점을 지킬 생각이다.

박재용 · 임경빈 점주의 한마디…

무리하지 말 것

요란하게 오픈을 했다가 금방 사라지는 가게들을 많이 봤습니다. 남이 잘된다고 나도 잘되는 것은 아니더군요. 시간을 충분히 두고 연구하고 고민하면서 창업을 해야 합니다. 무리해서 과도한 빚을 내지 말고, 짜임새 있는 계획은 필수입니다. 조급해하지 말고 경험을 쌓으면서 준비하시기 바랍니다.

 **본사** (주)푸드존 **브랜드 콘셉트** 자연이 만든 피자
총 창업비 5,230만원(별도문의) www.pizzamaru.co.kr

맛집 랭킹 1위를 위한 2인 1조
〈착한피자〉 일산동구점

입소문이 좋고 고객 충성도가 높아 〈착한피자〉 점포 운영을 선택했다는 김수현·조성준 점주. 브랜드의 인지도와 함께 점포의 매출도 상승해 나가길 기대하며 성실하게 운영했더니 어느새 배달 어플에서 동네 맛집 랭킹 1위를 차지했다.

브랜드와 함께 성장

김수현·조성준 점주는 창업 전에 다른 피자 브랜드의 점포에서 일해 본 경험이 있었다. 이후 피자 전문 점포 운영을 하고자 시장을 조사하던 중 지인의 소개로 〈착한피자〉를 알게 됐다. 두 달 정도 준비를 하여 2018년 9월에 일산동구점을 오픈했는데 두 점주는 〈착한피자〉가 다른 피자 브랜드와 비교하여 창업 비용 부담이 적고 브랜드와 함께 성장하며 운영할 수 있다고 생각했다. 평균적인 매출을 확인했으며 고객들의 후기를 살펴보았다. 입소문이 좋고 고객 충성도가 높은 점이 경쟁력이었다. 게다가 실제로 토핑이 많고 맛있었기에 브랜드를 선택했다. 두 점주는 "대형 브랜드가 아니다 보니 운영하면 할수록 매출과 브랜

의 인지도가 올라가는 점이 가장 큰 장점입니다"라고 〈착한피자〉의 장점을 꼽는다.

〈착한피자〉 일산동구점은 학교, 아파트, 주택 단지와 인접해 있다. 조 점주는 "다른 상권 같은 경우에는 주 고객층이 가족단위이지만 이곳은 고객 연령 범위가 넓어요. 세대 수도 많고요"라고 말했다. 두 점주가 지역을 충분히 조사해보고 본사에서도 상권을 분석한 후 일산동구점에서 점포를 시작하기로 결정했다.

점포 운영 전 메뉴 조리, 운영 시스템에 대해 한 달 동안 교육을 받았다. 〈착한피자〉 본사에서는 오픈 준비부터 마감 정산까지 실제로 점주에게 필요한 교육을 진행하며 점주가 원활하게 점포를 운영하도록 돕고 있어 많은 도움이 되었다.

맛과 위생이 가장 중요

영업 준비 시간은 보통 30분으로 매우 짧다. 기본적인 소스와 반죽은 만들어져서 오고 점포에서는 피클과 갈릭소스만 직접 만들기 때문이다. 김 점주는 〈착한피자〉의 특히 수제피클 맛을 선호한다. "피클이 특히 맛있어요. 파인애플과 레몬을 넣은 아이디어가 좋다고 생각합니다."

〈착한피자〉 일산동구점은 정해진 시간에 오픈하고 마감하며 성실히 운영하여 단골 고객층을 확보했다. 오픈 후 꾸준히 매출이 올랐고 오픈 두세 달 만에 배달 어플에서 주문수와 평점으로 매겨지는 동네 맛집 랭킹 1위를 차지하기도 했다. "배달이 안되는 지역에서, 일산동구점 근처에 올 때마다 포장 주문해가는 고객이 있어요. 재주문을 하는 고객들이나 진정성 있는 리뷰를 써 주시는 고객분들도 고마워요." 점포 운영을 시작하기 전 컴플레인 대처 교육을 받았지만 〈착한피자〉 일산동구점은 컴플레인을 받은 적이 없다는 것도 자랑이자 자부심을 가지는 이유 중 하나다. 조리 시에는 고객들에게 언제 먹어도 똑같은 맛을 제공하기 위해 레시피의 순서와 정량을 준수한다. 또 주방에서는 항상 모자와 장갑을 착용하며 위생에 신경을 쓴다. "일산동구점을 운영하면서, 신도시 등의 상권 좋은 지역에 〈착한피자〉의 점포를 또 내는 것이 목표입니다"라며 새로운 각오도 다졌다.

김수현 · 조성준 점주의 한마디…

관심 있는 아이템을 선택하자

창업을 할 때 일단은 아는 것, 해본 것을 선택하는 것이 좋습니다. 저희도 피자 브랜드에서 일해 본 경험이 지금 점포 운영에 도움이 되었습니다. 관심 있는 아이템으로 철저하게 준비하고 열심히 최선을 다하시기 바랍니다.

본사 (주)착한피자
총 창업비 3,700만원 33㎡(10평, 인테리어 자체시공 시)

브랜드 콘셉트 세상에서 가장 건강하고 맛있는 피자
http://goodpizza.co.kr

점주와 주방장이 한마음으로
〈꼬지사께〉 성남동점

〈꼬지사께〉 성남동점은 김나욱 점주와 김경환 주방장 부부가 운영하고 있다. 두 사람의 성실함과 친절함은 동네에 소문이 나 있을 정도, 〈꼬지사께〉 성남동점의 인기 속에는 두 사람의 '마음가짐'이 있다.

25년차 요리사 출신 주방장의 힘

김나욱 점주와 김경환 주방장 부부는 2018년 6월 〈꼬지사께〉 성남동점의 문을 열었다. 일식 프랜차이즈 〈꼬지사께〉는 25년차 일식 요리사 출신 김 주방장의 특기를 살리는 데 적합한 아이템이었다. 아내 김 점주가 지인을 통해 〈꼬지사께〉를 알게 돼 부부가 함께 여러 지점을 찾아 다니며 직접 시식을 하고 프랜차이즈 상담을 받으며 내린 결론이었다. 부부는 경기도와 성남시 일대 상권을 꼼꼼하게 알아봤고 가게 규모는 작아도 성남동점이 알짜 자리라는 판단을 내렸다.

일찍이 요리사 생활을 시작한 남편 김 주방장은 손님이 가게에 들어설 때부터 나설 때까지 기분 좋은 만족감을 가져갈 수 있도록 신경 쓰고 있다. 요리사 출신이다 보니 가장 먼저 맛에서 차별점이 생긴다. 물론 프랜차이즈라 타

지점과 요리의 모양새는 같지만 맛이 더 깊고 정성이 느껴진다며 칭찬하는 손님이 많은 것도 그러한 이유다. 손님 중에는 맛에 감탄하며 주방장이 누구인지 직접 보고 가고 싶다고 청하는 경우도 있을 정도. "가맹점에서 직접 메뉴를 개발해 본부에 건의하면 본부에서 타당성 평가 후 메뉴화가 되는 합리적인 과정이 있는데 이는 요리사에게는 큰 장점입니다. 여기에 그치지 않고 지역 상권에 맞춰 음식의 간과 맛을 내야할 것 같아서 특별히 신경을 쓰고 있습니다."

처음처럼, 기본에 충실하다

"하루 동안 시간차를 두고 부모님과 자녀가 방문하는 등 가족단골이 많아 에피소드도 많아요"라는 김 점주는 지역 상권에서 가장 중요한 건 입소문이라고 말한다. 실제 한 번 찾은 손님이 맛과 분위기에 반해 지인이나 가족과 함께 다시 찾거나 소개해주는 경우가 대부분이다. 저렴한 가격에 맛있고 다양한 메뉴를 부담 없이 접할 수 있다는 것도 고객층이 넓은 이유다. 동네단골이 많다는 것은 장점인 동시에 점주에게는 더 신경 써야할 일이 많다는 것을 의미한다. 부부가 친절, 봉사, 서비스라는 기본을 지키는 이유다. "오후 5시에 가게를 오픈해 다음 날 오전 7시 반에 마무리 정리를 하는데, 다음 오픈 때 일거리가 남아있지 않도록 청결 유지를 하는 것이 원칙입니다."

김 주방장은 손님이 많다고 대충 하는 건 핑계일 뿐이라고 강조했다. "그런 핑계가 한두 번 반복되면 결국 나태해지기 때문에 마음을 가다듬기 위해서 평소 늘 '내가 과연 6개월 후, 1년 후에도 지금처럼 할 수 있을까' 질문하며 일을 합니다." 그래서 일을 할 때마다 첫 마음가짐을 되새김질하는 것이 중요하다고 말한다. 다년 간의 주방 생활을 통해 주방장이 나태해지면 손님이 바로 느낀다는 것을 알기 때문이다. 흐트러지기 전에 늘 원점으로 돌아가서 생각하는 것 김 점주 또한 자기관리를 1순위로 꼽는다. 건강은 물론, 평소 스스로를 챙기고 다잡아야 한다는 것이다. 부부는 앞으로 꼬지사께 성남동점을 잘 운영해 성남동점 2호점, 3호점까지 내며 계속해서 동네 상권을 확장시켜나가고 싶다.

김나욱 · 김경환 점주의 한마디…

초심을 잃지 않기

성실, 근면, 친절은 언제나 옳습니다. 가장 특별한 것은 아니지만 가장 중요한 것이라고 할 수 있습니다. 오픈할 때의 첫 마음으로 항상 나를 가다듬고 손님을 맞는 것. 다양한 손님이 많은 이자카야에서는 특히 말과 행동을 조심해야 합니다. 솔선수범하고 초심을 잃지 않길 당부하고 싶습니다.

본사 (주)에쓰와이프랜차이즈
총 창업비 4,360만원 40㎡(12평)

브랜드 콘셉트 꼬치 & 퓨전요리 선술집 코리안 이자카야 No.1
www.kkojisakke.com

서민교의 창업 패트롤

동업과 공동투자, 가까울수록 확실하게

부부나 친구끼리 함께 창업을 하게 되면 자금 면에서도 노동력 면에서도 정서적인 면에서도 서로 많은 도움이 될 수 있다. 그러나 동업은 생각보다도 훨씬 어렵기 때문에 신중하게 생각해야 할 필요가 있다. 운영이 잘 돼도 잘 되지 않아도 문제가 생길 수밖에 없기 때문이다. 신중하게 제대로 해도 쉽지 않은 것이 동업이지만 한편으로는 함께하기에 더 안심되고 믿음직한 것이 동업이다. 일단 동업을 하기로 결정했다면 꼼꼼하고 철저하게 법적인 서류까지 작성하고 시작하는 것이 우정도 살리고 혹시 모를 분쟁도 줄일 수 있다는 것을 잊지 말자.

가맹사업 중에서 가장 인기 있는 형태 중 하나가 바로 부부창업이다. 경제공동체인 부부 두 명이 운영하기 때문에 열심히 일할 수 있고, 한 사람이 나태해지더라도 다른 한 사람이 격려하면서 잘 해나갈 수 있기 때문이다. 혹시 분쟁이 생기더라도 이혼까지 가는 극단적인 상황이 아니면 동업을 끝내기 쉽지 않고, 이혼을 하게 되면 법적인 절차를 자연스럽게 거치기 때문에 오히려 문제해결은 간단하다. 하지만 친구나 친척, 지인과의 동업은 여러 가지 문제를 갖고 있다. 같은 금액을 투자하고 같은 노동력을 제공하기가 쉽지 않기 때문이다. 또 운영이 잘 돼도 기분 좋게 수익 분배가 어려울 수도 있고, 손해를 보거나 폐점을 하게 돼 비용이 마이너스 처리가 된다면 누구의 잘잘못을 따질 수밖에 없어진다. 법적 분쟁으로 가게 된다면 매우 복잡하게 되기 때문에 인맥도 잃고 돈도 잃는 것은 순식간이다.

그래서 동업을 할 때는 1부터 10까지 모든 것을 법적으로 정해 두는 것이 좋다. 투자를 각각 얼마씩 할 것인지, 노동력은 어떻게 제공할 것이며, 각 상황에 따라 어떻게 이율을 배분할 것인지 사전에 협의해 두는 것은 기본이다. A가 비용을 투자하고 B가 노동력을 제공했을 때 수익을 어떻게 할 것인지, A와 B 각각 1억 원씩 투자하고 B가 매장 운영을 도맡이했을 때 수익을 어떻게 처리할 것인지, 또 A가 매우 열심히 운영했지만 결국 폐점을 하게 된다면 그 책임은 A와 B가 각각 얼마나 책임을 져야 하는지 등 생각해야 할 가능성은 무궁무진하게 많기 때문에 사전에 충분한 준비를 해놓지 않는다면 만약의 경우에 난감한 상황이 될 수도 있다.

만약 매출 부진으로 폐점을 하거나 업종전환을 할 경우 그 책임을 누가 지고 비용을 어떻게 조달할 것인지에 대해서도 충분히 생각해 두어야 한다. 동업 전 전문 상담사에게 조언을 구하거나 변호사를 통해 서류를 작성한다면 비용은 들겠지만, 확실한 조건 아래 수익을 나눌 수 있기 때문에 오히려 합리적으로 오랫동안 함께 일할 수 있는 가능성이 높아진다.

동업으로 창업을 하게 되는 경우에는 다음 세 가지 룰을 반드시 따라야 한다. 첫 번째는 운영자로, 매장을 누가 어떻게 운영할 것인지에 대해 먼저 확정을 지어야 한다. 두 번째는 수익분배방식이다. 수익을 어떻게 나눌 것인지는 매우 복잡한 과정일 수밖에 없다. 50 대 50으로 나누게 되거나 비율을 완전히 달리하게 되면, 욕심이 없던 사람도 욕심이 생길 수밖에 없기 때문이다. 세 번째는 공증까지 받아 계약서를 확실하게 쓰는 것이다. 친구끼리, 우리끼리, 친척끼리 뭐 이렇게까지 하느냐는 말은 한귀로 듣고 한귀로 흘리자. 어떤 일이든 원칙대로 하게 되면 그 속도는 느리지만 결과를 믿을 수 있는 경우가 많아진다. 지인과의 공동운영은 물론, 가능하면 부부창업도 동업계약서를 작성하는 것이 우정도 지키고 수익도 지키는 셈이다. 동업을 시작하면서 너무 칼같이 조건을 정하고 수익을 숫자로 나누는 것은 우리나라 정서상 정이 없어 보일 수도 있다. 하지만 만에 하나 문제가 생기게 된다면 복잡하고 힘든 과정을 겪지 않을 수 있는 가장 좋은 방법임에는 틀림없다.

* 이혼이 가져온 상표권 소송

프랜차이즈 브랜드 중 판떡볶이로 유명한 C브랜드가 있었다. 처음에 떡볶이 가맹사업을 시작하면서 C브랜드의 대표는 부인에게 상표권을 소유하도록 했고, 운영이 잘 돼 많은 사람들에게 사랑받는 브랜드로 자리 잡을 수 있게 되었다. 그런데 C브랜드의 부부가 이혼을 하면서 상표권을 가진 부인이 가맹점들을 대상으로 상표침해금지소송을 제기했다. C브랜드의 대표는 상표의 실제 주인이 자신이라고 주장하면서 대응해 재판까지 갔지만 결국 패소했다. 법원이 부인의 손을 들어준 것이다. 그런데 일은 여기서 끝나지 않았다. 부인이 C브랜드 본사와 가맹계약을 해지하고 자신과 가맹계약을 하면 이전의 상호명을 그대로 쓸 수 있도록 해 주겠다고 한 것이다. 상호명을 바꾸고 싶지 않았던 일부 가맹점들은 부인의 회사로 옮겨갔고, 상표권은 물론 가맹점까지 빼앗기게 된 C브랜드는 막대한 손해를 보게 되었다. 결국 C브랜드 본사는 브랜드 명을 바꾸고 가맹점들에 대해 간판 변경 비용 등을 지원하면서 가맹사업을 이어나갔다. 부부의 사이가 좋을 때는 누구 명의든 상관없다고 생각하면서 상표권을 등록했지만, 막상 이혼이라는 상황을 맞이하면서 본사는 물론 가맹점까지 손해를 봐야했던 이 사건은 지인과의 동업은 물론 부부창업조차 꼼꼼하게 계약을 해야 한다는 교훈을 주고 있다.

06

매출의 힘, 서비스 마인드

매장을 운영할 때
인테리어도 맛도 중요하지만
서비스 마인드는 최우선이다.
매장이 아무리 마음에 들어도
서비스가 나쁘면 다시 찾지 않게 되기 때문이다.
아울러 내 점포를 찾는 고객은 물론,
함께 일하며 손님을 맞이해 주는 내부고객,
즉 직원도 소중한 고객이라는 것도 기억하자.

여유있는 서비스 진심어린 마음
〈숙달돼지〉 마곡발산점

〈숙달돼지〉 마곡발산점 이기종 점주는 창업 전 직장에 다니면서 창업박람회를 둘러보고, 관련 도서를 탐독하는 등 꾸준한 연구와 준비를 했고, 전도유망한 프랜차이즈 본부를 만나 자신의 뜻을 실현해 창업의 보람을 느끼고 있다.

고객만족 서비스

〈숙달돼지〉 마곡발산점은 2018년 1월 1일 오픈해 지금은 인근 오피스 일대에 '맛집'으로 소문이 쫙 났다. 오피스 상권의 특성상 한가하던 주말도 옛일이 돼버렸다. 주말에도 서울식물원에 왔다가 방문하는 고객과 평소 단골로 이용하다가 주말에 가족과 함께 방문하는 단골고객들로 문전성시다. 〈숙달돼지〉처럼 새롭고 젊은 느낌의 깔끔한 레스토랑 콘셉트의 고깃집은 이전에 없었다. 안데스 산맥의 암염 소금과 다양한 장아찌 등 개인 찬반과 고기의 정보가 담긴 스펙, 그리고 치즈구이와 리조또 등 제품 구성이 다양해 남녀노소 모두를 만족시킬 수 있어 한번 방문한 고객은 거의 단골로 돌아왔다.

〈숙달돼지〉 마곡발산점이 빠르게 자리잡은 데는 이기종 점주의 '서비스 마인드' 덕이 크다. 이 점주는 고객이 만족할 서비스를 제공하기 위해 인력을 쓰고 인건비를 아끼지 않았다. 아르바이트생까지 포함해 14~15명이 일하는데, 언제 고객이 몰려올지 몰라서 늘 여유있게 인력을 배치했다. 창업 초기에 직원 1명이 안 나온 날 고객이 갑자기 몰려 당황했던 경험을 떠올리면서 '더 많이 채용하고 더 많이 일해서 더 벌자'고 마음을 다진 것이다. "서비스를 완벽하게 못할 것 같다는 판단이 들어 저녁 8시에 마감을 한 적도 있습니다. 좋은 소문보다는 안 좋은 이미지가 오래 가는 법이니까요."

브랜드와 함께 성장하다

"고객이 오지 않을 때도 늘 서 있고 고기를 구워주고 찬반을 나르고 이렇게 몸을 움직여서 돈을 번다는 게 뿌듯합니다. 좀 고단해도 직장에 다닐 때보다 훨씬 보람차요. 장사가 체질이라고 생각합니다."

창업 전 제약회사 영업사원이었던 이 점주는 미래를 생각해 재직 중에도 창업을 늘 염두에 두면서 차근차근 준비했다. 만족할만한 연봉이었지만 보람을 느끼기 어려웠고, 방앗간을 운영했던 본가에서 자라면서 장사에 대한 꿈도 있었다. 창업 관련 책을 읽고 창업박람회를 수개월 동안 찾아다니다가 마주친 〈숙달돼지〉에서 비전을 발견했다. 그때만 해도 〈숙달돼지〉는 가맹사업을 갓 시작한 때라 이름도 생소했는데 맛을 보고 깜짝 놀랐다. '지나가는 사람들한테 여기 와서 맛 좀 보라'고 하고 싶을 정도로 뛰어난 맛이었다. '고기'라는 아이템을 정한 후 많은 브랜드를 방문했지만 이렇게 확신을 주는 곳은 없었다. 이 점주는 "오래된 데보다 새롭게 시작하는 곳을 해보자는 결심을 했습니다. 내가 잘하면 본사도 커질 것이란 희망과 포부가 컸죠"라는 계기를 밝혔다. 이 점주는 새로운 계획을 생각하기엔 아직 이르다는 생각이다. 당분간 마곡발산점에 집중할 예정이며, 좀 여유가 생긴다면 직원을 더 늘려서 1년 동안 하루도 쉬지 않던 자신에게 휴무일을 만들어주고 싶다는 바람이다.

이기종 점주의 한마디…

서비스가 성패를 가른다

요즘은 어떤 식당을 가도 웬만하면 다 맛있습니다. 중요한 건 서비스죠. 직원들에게도 서비스 교육을 강조하는데, 가장 기본적인 부분은 역시 인사입니다. 고객이 원하는 걸 빨리 파악해야 하고, 고객들도 같은 〈숙달돼지〉라도 마곡발산점이 더 서비스가 좋아서 온다고 말씀하세요.

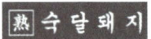 **본사** (주)아이언미트
총 창업비 1억 1,760만원 116㎡(35평)

브랜드 콘셉트 삼겹살 진화의 끝
www.sukdal.com

고객을 감동시키는 맛
〈분식이 이래도 되는가〉 천안불당점

남녀노소 모두 즐길 수 있는 메뉴 구성으로 트렌디한 분식 문화를 만들어 가는 〈분식이 이래도 되는가〉. 전 연령층에 고루 사랑받으며 오픈 4개월 만에 우수가맹점으로 성장할 수 있었던 천안불당점 박서준 점주를 찾아 자세한 운영 이야기를 들어봤다.

색다른 메뉴와 조리의 수월함이 무기

〈분식이 이래도 되는가〉 천안불당점의 박서준 점주. 개점 4개월 만에 천안불당지점을 우수가맹점 자리를 꿰차며 노련한 운영과 관리를 보여주고 있는 주인공이다. 식품회사 유통가맹점 영업 관리를 해오던 박 점주는 높은 수익성과 비전이 있는 프랜차이즈 시장에 관심을 두다가 창업을 결정한 케이스다. 〈굽네치킨〉 가맹점주로 창업을 시작한 박 점주는 새로운 분식 브랜드 〈분식이 이래도 되는가〉의 메뉴와 운영방식에 매료되어 바로 오픈을 결정했다. 박 점주는 "선호도 높은 메뉴를 깔끔하게 선택, 구성한 점이 좋았습니다. 게다가 기존 분식이 가지고 있는 이미지의 차원을 업그레이드한 부분도 매력적이었습니다. 높은

품질의 맛을 유지하는 동시에 조리 과정이 간단해 특정 시간대에 손님이 몰려도 빠른 회전율을 보여줍니다"라고 브랜드의 장점을 설명했다.

"어릴 때 학교 앞에서 사 먹었던 국물떡볶이나 튀김은 향수를 자극하는 맛을 가진 메뉴죠. 옛맛을 추억할 수 있는 분식 메뉴는 물론이고 투움바 떡볶이나 계란말이 김밥 같은 경우는 요즘 젊은이들의 입맛에 맞춘 트렌디한 메뉴예요. 추억과 유행의 맛을 모두 담은 특별한 분식집이라는 콘셉트가 매우 신선하죠. 다른 분식집에서는 찾아볼 수 없는 기본기가 다른 분식 메뉴를 맛볼 수 있으니 고객들의 방문이 이어지는 건 당연할 수밖에 없습니다."

가맹점주를 헤아리는 본사 운영 방식에 신뢰

〈분식이 이래도 되는가〉가 추구하는 '좋은 친구'의 가치를 본사와 가맹점주의 관계에도 적용. '상생의 마인드'를 기본 전제로 한다. 본사의 적극적인 지원과 도움은 가맹점주에게 매우 중요한 부분이다. 〈분식이 이래도 되는가〉는 기본 노하우를 바탕으로 한 운영 방식과 낮은 가맹비. 원활한 물류 공급 등 가맹점주에게 도움이 되는 여러 요건을 갖춰 더욱 믿음이 간다는 것이 박 점주의 설명이다.

천안 신도시 상권에 입주한 〈분식이 이래도 되는가〉 천안불당점은 주변 오피스 상권과 학원가가 밀집된 지역으로 학생과 직장인이 주 고객층으로 10~30대 연령층의 방문이 가장 잦다. 〈분식이 이래도 되는가〉의 특별한 메뉴와 맛은 이미 손님들로부터 검증받은 부분이다. 박 점주는 차차 신규 고객과 고정 손님을 늘려가며 매장 운영을 더욱 탄탄히 하겠다는 계획이다.

저렴한 가격에 맛 좋은 분식을 즐기고 싶어 하는 젊은 층의 소확행 트렌드를 만족시키는 〈분식이 이래도 되는가〉. 전략적인 분식 메뉴 구성으로 고객들의 높은 기대감을 충족시키겠다는 본사와 박 점주의 운영 마인드가 더욱 널리 퍼지길 바라본다.

박서준 점주의 한마디…

내 장사라는 책임감은 필수

본사가 모든 걸 해줄 것으로 생각하는 예비 점주들을 종종 보게 됩니다. 개점 준비를 본부가 다 해주면 나는 들어가 운영만 하면 된다는 식이죠. 내 장사를 위한 일임을 명심하고 책임감을 가지고 일의 진행 순서 등을 확인하는 것은 물론, 본사와 함께 오픈을 준비해 나가는 자발적이고 적극적인 자세가 필요합니다.

본사 (주)분식이
총 창업비 4,020만원 50㎡(15평)

브랜드 콘셉트 늘 좋은 친구같은 분식 브랜드
www.boonsik2.com

성실한 직장인에서 성실한 창업자로
〈모던통닭〉 양재점

간판에 환한 조명을 밝혀 홍보 효과를 얻고 있는 〈모던통닭〉 양재점. 경기도에서 서울로 들어오는 길목에서 교통체증으로 차도에 머무르는 동안 밝은 간판에 시선이 가기 때문이다. 이런 아이디어로 〈모던통닭〉 양재점은 오픈한 지 1년이 안 되는 짧은 기간에 양재 맛집으로 떠올랐다.

함께 발전할 꿈을 꾸다

'창업'이라는 직장인의 꿈을 이룬 이병선 점주의 센스에 힘입어 〈모던통닭〉 양재점은 초보 창업답지 않게 빠른 성장세를 보였다. 아이디어와 센스가 풍부한 그가 〈모던통닭〉을 선택한 배경은 단순했다. 치맥을 좋아하니까 치킨과 맥주라는 창업 아이템을 택하는 건 어렵지 않았지만 사실 셀 수 없이 다양한 치킨 브랜드 중 어떤 것을 택할 지에 대한 고민은 컸다. 젊고 새로운 콘셉트를 가진 브랜드를 바랐고, 젊은 에너지와 활력으로 가득해 가맹점과 손을 잡고 함께 정상으로 달려가는 본부이기를 원했다. 그렇게 고르고 고른 결과가 〈모던통닭〉, 본부도 시작 단계라 아직 작지만 젊고 함께 발전할 수 있다고 판단했다.

〈모던통닭〉을 택한 후, 이 점주는 남들이 부러워하고 선망해마지 않는 자리를 박차고 나와 가맹점주로서 인생 제 2막을 열었다. 창업에 대한 두려움은 없었다. 직장을 다니는 동안 핫한 가게들을 다녀보고, 수많은 조언을 들은 결과 이 점주는 '자영업도 결국 사람을 대하는 것'이라는 결론에 이르렀다. 어르신들은 공경하는 자세로, 젊은이들은 친근한 농담 한 마디로, 비즈니스맨으로서 많은 사람을 대했던 경험을 살려 고객들의 마음을 편안하게 했다. 여기에 〈모던통닭〉의 특별한 콘셉트와 뛰어난 맛을 자랑하는 메뉴, 특별한 수제 맥주 등은 고객의 발길이 잦을 수밖에 없었다. 인근 직장인은 물론 어린이부터 할아버지까지, 동네 주민들도 패밀리 레스토랑처럼 온 가족이 편하게 방문하고 있다.

이벤트로 고객의 마음을 사로잡다

성실한 직장인은 성실한 창업자가 된다. 이 점주는 12년 회사 생활을 양재동에서 한 덕분에 주 고객인 직장인들의 성향과 양재동 상권을 잘 알고 있다. 30~40대 직장인들이 스트레스 받을 때 치맥을 찾는다는 점을 잘 파악하고 있어, 그런 때를 찾아 이벤트를 벌인다. 프로야구나 월드컵, 올림픽 아시안게임 등 스포츠 경기가 열릴 때는 TV를 보면서 치맥파티를 할 수 있게 했다. 또한, 일정 금액 이상 맥주를 마시면 컵을 증정하는 이벤트와 인원수대로 1,000원짜리 연금복권을 증정하는 이벤트, 생일 케이크를 들고 오면 하트형 미역을 선물하는 이벤트 등 재미있고 등 다양한 아이디어를 쏟아냈다. 작은 선물이지만 받으면 기분이 좋아지는 이벤트는 고객들의 마음을 사로잡은 것이다.

〈모던통닭〉의 조리 시스템이 잘 돼있어 이 점주는 주방을 지키는 대신 이런 홍보 아이디어를 내는 데 몰두할 수 있다. 교육도 지원도 넉넉하게 제공하는 본부의 시스템 덕분에 본인이 자리를 비워도 직원들이 알아서 잘 하고 있으니 안심할 수 있다. 이 점주는 어느정도 자리를 잡은 후 2호점을 내고 싶다. 또 전체 가맹점 매출이 올라서 양재점의 높은 매출도 꼴찌 수준이란 소리를 들을 정도로 전체가 잘 되길 바란다며 본사에 대한 애정을 보였다.

이병선 점주의 한마디…

친구 같은 본부와의 만남

창업할 때 가장 고민해야 할 것은 '좋은 프랜차이즈'를 찾는 겁니다. 〈모던통닭〉은 본부에 건의를 하면 바로 반영하고, 문제점도 금방 시정하는 등 귀를 열어두고 있어 더욱 믿음이 갑니다. 본부와 가맹점의 관계를 넘어선 사회 친구를 만난 기분이라 오래오래 함께하고 싶습니다.

본사 (주)모던키친 컴퍼니
총 창업비 7,000만원 50㎡(15평)

브랜드 콘셉트 모던 빈티지한 펍 스타일 분위기에서 치맥 한 잔
www.모던통닭.com

고객을 위한 철저한 제품 공부
〈양키캔들〉 인천계양점

오장석 점주는 몇 해 전 〈양키캔들〉의 향을 처음 접하고 그 향에 이끌려 〈양키캔들〉 인천계양점을 오픈했다. 하루 12시간씩 일하지만, 향초를 알아가고 배우는 시간은 언제나 즐겁고 보람차다.

끊임없이 공부하는 점주

〈양키캔들〉 인천계양점에는 오장석 점주가 상냥한 목소리로 고객을 응대하고 있다. 주요고객은 여성이 대부분이라 캔들 점포는 주로 여성 점주나 직원이 운영하는 것이 일반적이다. 하지만 〈양키캔들〉 인천계양점은 남자인 오 점주가 하루 종일 점포를 운영한다. 그는 점포를 방문하는 여성고객이 남자인 자신을 불편해 하지 않도록 항상 밝은 목소리로 인사한다. 여기에 그는 향초 관련 정보를 습득하는 등 제품에 대한 공부도 게을리 하지 않는다. 향초의 성분을 알기 위해 〈양키캔들〉 미국 블로거의 글을 찾아보며 공부하고, 자신이 알게 된 내용은 정리해 블로그에 꾸준히 게재하는 등 향초 전문가가 되기 위해 꾸준히 노력

하고 있다. 캔들 전문지식으로 무장한 오 점주는 〈양키캔들〉을 타사 제품과 비교했을 때 고가 향초 브랜드에 뒤지지 않는 품질과 저렴한 가격이 강점이라고 말한다.

오 점주는 상품 진열에도 세심한 노력을 기울인다. 명절, 발렌타인데이, 화이트데이 등 이벤트에 따라 다양한 진열 방식을 취한다. 〈양키캔들〉 본부에서 추천하는 진열 시안을 참고하는 동시에 자신의 점포를 방문하는 고객취향에 맞게 진열하는 것이다. 그는 고객이 항상 새로운 점포를 방문하는 듯한 기분을 느낄 수 있도록 하고 싶다며 향초부터 차량방향제, 디퓨저, 사쉐, 핸드크림까지 상품진열을 주기적으로 바꾸고 있다.

최고의 서비스를 제공하는 12시간

오 점주는 직원을 따로 두지 않고 하루 12시간 홀로 점포를 운영한다. 점포를 혼자 운영하는 것이 쉽지 않지만, 점주만큼 친절하게 고객을 응대할 수 없다는 생각 때문이다. 그는 캔들 사용이 과거에 비해 증가했으나 여전히 처음 점포를 방문하는 고객들이 많다고 한다. 향초에 대한 인식이 부족하고, 그 사용법 또한 미숙하다. 때문에 오 점주는 고객이 최고의 향을 즐길 수 있도록 돕고 있다. 연령부터 성별, 개개인의 취향을 고려해 제품을 소개하는 것이다. 이를 통해 고객은 달달한 향, 은은한 향, 꽃 향 등 어떤 향에 더 끌리는지 알게 되고 마음에 드는 제품을 구매하게 된다. 아울러 그는 제대로 된 캔들 사용을 위한 롱라이터, 심지가위, 윅디퍼 등 제품 사용법에 대해서도 친절히 설명한다. 이는 고객이 그을음 현상 없이, 제품을 오랫동안 잘 사용할 수 있도록 돕기 위해서다. 이러한 그의 맞춤 서비스는 고객의 점포 재방문율을 자연스레 증가시킨다. 그는 고객들이 처음 향초를 구매해 사용한 뒤, 감사하다며 재방문할 때 보람을 느낀다고 한다. 오 점주는 향초문화의 대중화를 위해서도 노력하고 있다. "캔들 사용은 단순히 향을 맡는 것에서 끝나는 것이 아니다. 자신만을 위해 향초의 심지와 홀더를 관리하고, 자신의 공간을 자신이 원하는 향으로 채우는 행위라고 생각해요. 향초의 매력을 더 많은 사람들이 알아가길 바랍니다"

오장석 점주의 한마디…

상품의 정보와 지식은 일의 필수

점포를 오픈한 뒤에는 돌발적으로 발생할 수 있는 일들에 항상 대비해야 합니다. 다른 가맹점 방문을 통해, 고객 응대나 진열대 배치 등에 대한 안목을 키우는 것도 중요하고요. 판매상품에 대해 누구보다 많이 알 수 있도록 향을 많이 맡아보고 다른 브랜드와의 차이점을 구분 할 수 있는 내공을 키워야 합니다.

본사 (주)아로마무역	브랜드 콘셉트 세계적 명품 향초 브랜드
총 창업비 5,510만원 40㎡(12평)	www.yankeecandle.co.kr

고객 니즈 파악이 매출상승으로
〈또봉이통닭〉 인천부평역점

〈또봉이통닭〉 인천부평역점의 김도훈 점주는 오랜기간 종사했던 의류도매업을 그만두고 돌연 외식창업에 뛰어들었다. 어쩌면 무모하다고 보일 수도 있지만, 요리에 대한 그의 열정과 본사의 지원이 합쳐져 높은 시너지 효과를 보여주고 있다.

열정의 한계를 맞다

〈또봉이통닭〉 인천부평역점의 김도훈 점주는 오랜시간 동대문 의류도매시장에서 일하던 청년이었다. 하지만 시간이 흐를수록 밤낮이 바뀐 생활에 몸과 마음이 지쳐갔다. 그러던 중 지인이 인천부평역 앞에 위치한 바비큐전문점으로 운영되고 있는 점포를 보여주며 창업을 제안했다. 제대로 배워본 적은 없지만 TV 프로그램이나 인터넷에 나온 레시피를 곧잘 따라하던 그는 창업을 결정한다. 이후, 수시로 점포를 오가며 주변상권과 유동인구를 파악, 철저하게 수익률 분석까지 마치며 바비큐전문점을 양도인수 받게 되었다. 국내에서 가장 큰 규모의 지하상가가 위치해 있기도 한 이곳은 많은 유동인구와 더불어 안산에서 넘어오는 근로자들까지 저녁시간에 한 번에 몰려드는 특성을 갖고 있다. 레시피 개발부터 식재료의 준비,

그리고 바비큐 특성상 미리 초벌을 해 놓아야 하는 과정까지 힘든 시간이 이어졌다. 김 점주는 지난 3년간 함께 일해 온 점장과 의논 끝에 운영효율성을 높일 수 있는 프랜차이즈 브랜드를 찾아 나섰다. 무엇보다 운영이 수월할 것, 창업비용이 부담되지 않을 것, 갑질이 없을 것. 김 점주는 세 가지에 주안점을 뒀다.

길을 제시하는 본사

점장의 추천으로 김 점주는 〈또봉이통닭〉을 눈여겨 보게 됐다. 이후 열 군데가 넘는 브랜드를 두고 맛, 운영난이도, 창업비용 등을 면밀히 비교·분석했다. 하지만 처음 맛본 〈또봉이통닭〉의 고소하고 담백한 맛이 가장 기억에 남았다. 특히 합리적인 창업비용과 집기, 인테리어, 오픈일자까지 점주를 배려하는 본사의 상생정신이 마음에 와닿았다. 이후 일사천리로 창업이 진행되었고, 열정적인 김 점주에게 본사의 지원은 시너지효과를 가져왔다. 본사와의 합의 아래 기본 가이드 레시피에서 벗어나지 않는 선에서 재료를 추가하는 등 나름

의 노하우를 더했다. 떡볶이 하나를 시켜도 스위트콘, 신선 김말이, 깻잎, 만두, 메추리알 등 기존 레시피에 없던 식재료를 첨가해 푸짐하게 대접했다. 물론 수익률은 약간 낮아지겠지만 큰 차이는 없다는 게 김 점주의 설명이다. 뿐만 아니라 고객 니즈를 파악하는 것이 빠른 김 점주는 상황에 맞춘 서비스로 고객 만족도를 높였다. 맥주를 마시는 고객에겐 한치, 감자튀김, 땅콩 등을 제공하는 등 주종에 맞는 안주를 서비스한 것. 이에 고마움을 느낀 고객들은 도리어 술을 한잔 더 주문하거나 단골이 됐다. 특히 본사의 메뉴와 별개로 김 점주의 레시피로 만든 메뉴도 매출상승에 기여했다. 이는 본사메뉴와 별개로 점주가 개인 레시피로 조리해 판매할 수 있는 '사장님 특별메뉴판' 제도를 운영 중인 본사의 정책 덕분이다. 상권과 단골 성향에 따라 메뉴를 추가하거나 빼는 등 유기적인 점포 운영이 가능한 것. 상생에 기초한 본사의 지원과 김 점주의 열정이 긍정적인 시너지 효과를 내고 있는 인천부평역점은 1등 가맹점을 넘어 올바른 본사와 가맹점주의 표본이 될 예정이다.

김도훈 점주의 한마디…

장사는 나 하기 나름

먼저 점포에 문제가 있을 때 개선하고 발전해나가겠다는 자발적인 움직임이 중요합니다. 또 이러한 의지에 대해 본사의 지원도 중요하고요. 더불어 함께 일하는 직원들의 노력을 잊지 말았으면 합니다. 점포는 절대 혼자 운영할 수 없으니까요. 진심으로 직원들을 챙기다보면 보다 즐겁고 효율적으로 일할 수 있게 될 것입니다.

본사 (주)또봉이F&S
총 창업비 1,100만원 33㎡(10평, 인테리어 별도)

브랜드 콘셉트 옛날 맛 그대로 또봉이통닭
http://ttobongee.com

고객의 기대와 평가 그리고 피드백
〈포트커피〉 남양주오남점

저렴한 가격과 뛰어난 맛으로 승부하는 〈포트커피〉 남양주오남점 이석영 점주. 그는 매장을 방문하는 고객들이 자신이 직접 내린 커피를 맛보고, 평가하고, 이를 바탕으로 매장 운영에 피드백 하는 과정을 매우 중요하게 생각한다.

시작은 막연했지만 선택은 옳았다

공군 부사관 헬기정비 분야에서 7년간의 근무 경험이 있는 이석영 점주는 군 전역 후에도 같은 분야에서의 성공을 꿈꿨다. 실제로 국내 유명 민간항공사에 취업해 앞길 또한 창창했던 이 점주는 어느 날 문득 가족들을 돌아보게 됐다. 금쪽같은 아이가 생겨서다. "군 전역 후 민간항공사에서 근무할 당시 출장이 굉장히 많아서 신체적으로도 무척 힘들었지만 무엇보다도 가족들과의 시간이 절대적으로 부족하더라고요. 아내는 물론 갓 태어난 아이와 함께 많은 시간을 보내고 싶었습니다." 결국 이 점주는 가족들의 권유와 자신의 확고한 의지로 창업이라는 힘난한 길을 택했다. "퇴직 후 카페를 시작하기 위해서 많은 시간 시

장조사를 했던 것 같아요. 힘들었죠. 당시 개인 카페를 하기엔 관련 경험이 부족했기 때문에 프랜차이즈 가맹점을 생각하게 됐어요. 다양한 업체를 방문하고 가맹 상담을 받았지만 〈포트커피〉만한 대우와 조건은 찾아보기 힘들더라고요." 이 점주는 여타 대형 프랜차이즈 카페를 마다하고, 당시만 해도 생소한 업체였던 〈포트커피〉와의 동행을 선택했다. "〈포트커피〉는 프랜차이즈 본사와 가맹점이 동반자적 관계로서 가맹점주들의 의견과 요구를 적극적으로 수용하고 있습니다. 이 때문에 본사에 대한 가맹점주들의 신뢰가 굉장히 두텁죠. 다만 한 가지 바라는 점이라면 빠른 시일 내에 가맹점이 늘어나 누구나 알고 사랑하는 〈포트커피〉가 되었으면 하는 마음은 감출 수가 없네요."

청결 그리고 또 청결

창업 당시 이 점주는 대형 카페 프랜차이즈 업체는 물론 개인 카페 등 많은 매장을 돌아다니며 시장조사를 했다. 그 결과 이 점주는 자신만의 한 가지 운영 철칙이 생겼다. "카페 매장이라는 게 바쁘면 바쁜 대로, 한가하면 한가한 대로 지난한 노력이 따라주지 않으면 청결할 수가 없습니다. 특히 아르바이트생을 고용해 운영하는 매장은 청결상태가 말도 못하더라고요. 청결하지 못한 매장은 고객들의 신뢰는 물론 커피 맛도 딱 그만큼 떨어집니다." 이 점주는 커피 머신부터 제빙기, 그라인더, 각종 집기에 이르기까지 매번 주기적인 시간을 정해 이를 손수 세척한다. 커피 맛은 청결에서부터 나온다고 믿기 때문이다.

서비스업 특성상 항상 새로운 손님들과 대면하는 일. 기분이 아무리 나쁘더라도 친절하고 밝게 행동해야 하는 일. 창업 당시 생각과는 달리 근무시간이 굉장히 길어 여가를 즐길 틈이 없다는 것이 힘들었던 것 같다고 한다. 카페라는 생소한 분야로의 전환이 이 점주를 옥죄었을 터다. 그래도 이 점주는 고객들의 한 마디에 힘이 솟는다. "손님들이 제가 직접 내린 커피를 맛보고는 '너무 맛있어요'라고 한마디를 할 때, 어려웠던 시간들을 그 한 마디로 보상받는 느낌입니다." 오늘도 이 점주는 아침 일찍 〈포트커피〉 매장의 문을 열고 온화한 미소와 따뜻한 커피 한 잔으로 손님을 맞이한다.

이석영 점주의 한마디…

본사와의 커뮤니케이션을 중요시해야

가맹점의 잦은 질문과 건의가 귀찮고 성가시다는 이유로 현장의 지적을 흘려듣는 프랜차이즈 본사가 많다고 들었습니다. 하지만 현장의 목소리는 더 나은 브랜드 네임, 나아가 양질의 제품을 만들어 내기 위한 시발점일 것입니다. 가맹점 또한 본사의 지적과 지시가 있기 전에 스스로가 매장을 방문하는 고객에게 당당할 수 있도록 제품과 서비스에 만전을 기울여야 할 것입니다.

본사	(주)에소코리아	브랜드 콘셉트	14년, 오랜 노하우를 가진 브랜드
총 창업비	4,870만원 26㎡(8평)		www.portofomocha.co.kr

직원의 만족이 고객의 만족
〈뚜띠쿠치나〉 공덕점

유럽 길모퉁이 한편에 자리 잡은 평화로운 파스타 집을 연상시키는 〈뚜띠쿠치나〉 공덕점. 백승애 점주는 이곳을 맛있고 건강한 이탈리아 요리와 행복한 웃음을 나누는 소박하지만 여유로움이 가득한 공간으로 만들고 싶다.

감미로운 음악처럼 편안한 공간

〈뚜띠쿠치나〉 공덕점은 브랜드의 가맹 1호점이자 6년째 높은 매출 수익을 유지하는 우수가맹점이다. 음악치료사로 활동 중인 백승애 점주는 뛰어난 음식 맛과 본사의 경영 마인드에 반해 〈뚜띠쿠치나〉 운영을 결심하게 됐다. 메뉴 개발과 브랜드 운영에 차원이 다른 노력을 보여주는 본사의 모습에 신뢰를 얻은 것. 오피스와 주거 공간이 적절히 혼합된 훌륭한 상권 위치와 합리적인 가격대에 다양한 정통 이탈리아 음식을 제공할 수 있으니 〈뚜띠쿠치나〉 오픈을 지체할 이유가 없었다고. 좋은 음식을 먹으며 편히 쉬었다 갈 수 있는 점포를 만들고 싶다는 백 점주는 고객들의 생일이나 특별 이벤트가 있는 달에 직접 기타 공연을 하며 점포 분위기에 활력을 불어넣는 것으로도 유명하다. 음악이라는 도구가 고객들의 심리에 어떻게 작용하는

지 알고 있기 때문에 점포 음악 선택에도 신중을 기한다. 백 점주는 마케팅에도 열정적이다. SNS 계정을 충분히 활용하여 〈뚜띠쿠치나〉의 메뉴와 새로 출시된 음식들을 소개하고 점포 이벤트 소식을 수시로 업데이트한다. 백 점주가 모든 사진을 촬영하고 SNS 계정별 특성을 파악한 점포 홍보로 마케팅 효과를 극대화하고 있다.

함께의 힘, 성공 원동력이 되다

〈뚜띠쿠치나〉 본사의 동등한 상생 관계 경영 마인드는 백 점주의 점포 운영 철학과도 일맥상통한다. 백 점주는 함께 일하는 직원들을 만족시키지 못하면 고객을 만족시킬 수 없다고 생각, 직원들과 같이 공감하고 같이 느끼고 그 느낌을 나눌 수 있도록 밀착 관계를 형성하고 유지하기 위해 노력한다. 지금은 직원들의 눈빛, 뒷모습만 보아도 그들의 상태 파악이 가능할 정도지만, 운영 초기에는 직원들과 융화되기까지 시행착오가 많았다. 점주와 직원의 욕구가 상충하는 교점을 찾기 힘들어 잠을 설치며 고민하는 날도 길었다. 그러나 1년 동안 하루도 쉬지 않고 직원들과 동고동락하며 궂은 일을 도맡아 하는 것은 물론, 끊임없이 리더의 자질을 배우고 연구한 끝에 직원들이 즐겁게 일할 수 있는 환경을 제공할 수 있었다. 덕분에 오픈 때부터 꾸준히 수익을 내었고 최근에는 매출 최고치를 경신하며 안정적으로 성장하고 있다. 백 점주는 이런 성공의 원동력이 되는 직원들의 처우 개선에 앞장선다. 외식업이 체력 소모가 큰 직종임을 감안, 직원들에게 운동 지원비를 제공하는 등 직원 복지 정책에 눈을 돌린 것. "직원들과 매일 아침 5분 조회를 해요. 본사에서 보내준 음악에 맞춰 서로 어깨를 주물러 주며 점포 식구들의 컨디션을 점검하죠. 전체 직원이 돌아가면서 하루에 한 번 그 날의 조회 진행자 역할을 맡아요. 오늘은 어떤 업무 초점을 가지고 일을 할 것인가 이야기하죠. 그리고 크게 파이팅을 외치며 조회를 끝내죠."

백 점주는 일이 주는 즐거움을 만끽할 수 있다면 그게 바로 프로인 것이고 성공은 자동으로 보장되는 것이라고 말한다. 직원들과 진실하고 진정성 있는 관계로 끈끈한 동지애를 나누는 〈뚜띠쿠치나〉 공덕점. 웃음꽃이 피어나는 행복한 공간에 더 많은 이들의 발길이 닿을 것이다.

백승애 점주의 한마디…

확실한 동기 설정과 목표 세분화

성공률이 낮은 외식업계는 단기, 중기, 장기 목표를 세분화하여 집중하는 것이 효과적입니다. 당장의 수익만 좇으며 운영하기보다는 확실한 동기를 가지고 꾸준히 집중해서 공부하고 연구하는 의지와 끈기가 필요합니다.

본사 (주)지엘라온
총 창업비 별도문의

브랜드 콘셉트 함께 즐기는 Italian fresh
www.tutticucina.net

마음을 담은 서비스가 최고!
〈월남쌈 김상사〉 의정부점

진심을 담은 마음으로 고객을 응대하며 고객이 월남쌈을 즐기는데 부족함이 없도록 최선을 다하는 김성환 점주. 마음에서 우러나는 행동은 사소하지만 큰 차이를 만든다고 생각하기 때문이다.

자꾸만 생각나는 〈월남쌈 김상사〉

김성환 점주는 〈월남쌈 김상사〉가 아니었으면 외식업을 하지 않았을 것이라고 말한다. 20여 년간 외식업과는 무관한 업종에 종사했던 그는 지인의 소개로 〈월남쌈 김상사〉에 방문하기 전까지 외식업에 관심이 없었다. 그는 특별히 좋아하는 음식이 없고 외식을 즐겨하지 않았다. 더군다나 쌈을 좋아하지도 않았기에 큰 기대 없이 매장을 방문했다. 그런데 이상하게도 〈월남쌈 김상사〉에 방문하고 3, 4일이 지난 뒤부터 월남쌈이 자꾸만 생각났다. 그래서 가족과 지인을 동반해 점포가 있는 수지, 천안, 용인, 오산, 평택 등을 수시로 들렸다. 이후 그는 자신의 입맛에 맞다면 다른 사람도 좋아할 것이라고 판단, 〈월남쌈 김상사〉 의정부점을 오픈했다.

현재 의정부점을 방문하는 고객은 20대 커플부터 직장인,

가족 단위까지 다양하다. 이들은 김 점주와 마찬가지로 〈월남쌈 김상사〉에 방문한 뒤 재방문하는 고객으로 주를 이룬다. 물론 처음 점포를 방문하는 고객들은 무한리필에 대해 반신반의한다. 하지만 일단 한번 맛을 보면 그 맛에 반한다. 무한리필 음식점은 좋아하지 않는데, 〈월남쌈 김상사〉만은 예외라고 말하는 고객이 있을 정도다. 또 일주일에 한 번은 꼭 들리는 고객이 있다며 맛에 자부심을 보였다.

겸허한 마음으로

〈월남쌈 김상사〉 의정부점은 고객을 섬긴다는 마음으로 고객 만족을 높이고 있다. 먼저 김 점주는 매일 아침 가장 먼저 점포 문을 열고 직접 청소를 한다. 280㎡(85평)의 점포를 혼자 청소하려면 1시간 이상이 소요되지만 청결한 상태 유지를 위해 하루도 이를 게을리 하지 않는다. 이후 점포 오픈 준비를 끝낸 그는 항상 밝은 미소와 온화한 말투로 고객을 맞이한다. 점포 안이 연기로 자욱할 때면 먼저 창문을 열고 환기시켜 고객이 쾌적한 환경에서 식사할 수 있도록 돕는다. 아울러 그는 최상의 식감을 구현하기 위해 쇠고기, 우삼겹, 돈삼겹 등의 두께를 다르게 썰어 고객에게 제공한다. 이는 김 점주가 고기를 수차례 먹어가며 찾게 된 최적의 두께로 고객들의 재방문율을 높이는데 일조하고 있다.

직원관리에도 특별함이 있다. 직원들을 자신의 일을 도와주는 감사한 사람이라고 생각하기 때문에 급여를 아끼지 않는 것. 매출이 많은 날에는 크지 않은 액수지만 고생한 것에 대한 감사의 표시를 잊지 않는다. 직원은 점포를 오랫동안 함께 운영할 가족이기 때문이다.

이런 그의 향후 목표는 〈월남쌈 김상사〉와 함께 성장해 나가는 것이다. 의정부점을 안정화 시킨 뒤, 서울로 지점을 늘려나갈 계획이다. "점포에 아내와 아이들이 나와서 함께 일하고 있습니다. 추후에는 아이들이 각자 점포를 하나씩 맡아 일할 수 있도록 점포를 늘려가고 싶습니다"라며 브랜드에 대한 애정과 믿음을 보여준다.

김성환 점주의 한마디…

세심하게 준비 하세요

'유능한 장인일수록 한 번의 톱질을 위해서 열 번의 측정을 마다하지 않는다'는 명언을 새기며 창업을 준비했습니다. 세심하게 준비하는 과정이 많을수록 실패를 비켜갈 수 있다고 생각합니다. 창업 아이템부터 가장 중요한 위치 선정까지 철저히 조사해 성공 창업으로 이어가길 바랍니다.

 **본사** (주)웰빙푸드에프씨 **브랜드 콘셉트** 고급 레스토랑 분위기의 월남쌈전문점
총 창업비 1억 2,360만원 99㎡(30평) https://vietnamssamkim.co.kr

고품질 재료로 높이는 고객 만족
〈착한쭝식〉 산곡점

〈착한쭝식〉 산곡점은 이름 그대로 착한 브랜드다. 질 좋은 재료로 만든 짜장면을 누구나 2,900원에 즐길 수 있기 때문이다. 더 많은 고객들이 부담없이 맛있는 짜장면과 탕수육을 즐길 수 있도록 하는 것이 그의 목표이자 바람이다.

남녀노소 즐겨찾는 식당

'〈착한쭝식〉 2,900원' 간판을 본 최광종 점주. 2,900원이라는 가격에 흥미가 생겨 맛을 봤고 저렴한 가격 대비 높은 품질에 놀랐다. 이후 집으로 돌아와 아내와 지인들에게 그 맛을 권하는 등 그 맛을 잊지 못했다. 결국 그는 스스로 〈착한쭝식〉 본부에 찾아가 문을 두드렸고, 점포를 오픈하기 위한 장소를 물색해 마침내 산곡점에 자리 잡았다.

최 대표는 2,900원에 음식을 판매할 수 있다는 것에 보람과 기쁨을 느낀다. 산곡점의 주요 고객들은 학생, 가족, 노인 등 다양하다. 그는 특히 홀로 사는 어르신들, 학생들에게 저렴하고 건강한 음식을 제공하는 것이 기쁘다. "홀로 사는 어르신들이 처음에는 가격을 의심하다가도 그 맛을 보고는 자주 와서 식사를 해결하시곤 해요. 맛있게 드시는 모습을 보면 보람을 느낍니다."

저렴한 가격 덕분에 〈착한쭝식〉은 학생들에게도 인기 만점이다. 학생들의 경우 짜장면 하나로 배를 채우기에는 양이 부족하다. 하지만 〈착한쭝식〉을 방문하는 학생들에게 양은 문제되지 않는다. 저렴한 가격으로 짜장면과 탕수육을 함께 먹을 수 있기 때문이다. 최 점주는 지속적으로 2,900원 가격을 고수해 나가며, 장기적으로도 많은 이들이 배불리 식사할 수 있는 경영 철학을 전했다. 이러한 경영 철학 아래 학생들과 어르신들의 재방문율 또한 지속적으로 증가하고 있다.

〈착한쭝식〉만의 경쟁력

최 점주는 한결같은 음식맛을 유지하기 위해 세심한 노력을 기울인다. 매일 짜장면과 짬뽕을 직접 맛보며, 음식의 맛, 재료의 신선도가 이상은 없는지 체크한다. 그는 맛은 항상 신선한 재료와 연관돼 있다고 믿기 때문이다. 밑반찬으로 나오는 양파부터 거의 모든 재료를 당일 소진해 신선한 음식을 제공하고 있다. 아울러 짜장면에 들어가는 100% 국내산 돼지고기도 한층 맛을 높이는 데 큰 역할을 한다. 수입 돼지 기름을 사용하거나 질 나쁜 재료를 사용하지 않는 것 또한 〈착한쭝식〉만의 강점이다.

최 점주는 직원복지를 위해서도 많은 노력을 기울인다. 그는 주방 직원의 고충을 이해하고 피크타임에는 함께 주방을 보며 일손을 돕는다. 직원들의 온전한 휴식시간을 보장하기 위한 휴식공간도 별도로 마련했다. 직원들이 브레이크 타임에 충분한 휴식을 취할 수 있도록 공간을 제공하고 있는 것. 최 점주의 직원 사랑은 여기에서 그치지 않아 그는 직원들과도 형, 동생 사이 같이 지낸다. 인건비를 절약하기 위해 직원 수를 줄이는 것 보다는 충분한 인원으로 불만 없이 점포를 제대로 운영할 수 있는 환경을 만드는 것이 더 중요하기 때문이다. 이외에도 상황에 따른 조기 퇴근 시스템, 주 5일 업무, 연차 제공 등은 직원복지를 위한 그의 노력을 엿볼 수 있는 대목이다.

최 점주의 향후 목표는 점포 수를 늘려 〈착한쭝식〉의 착한 음식을 더 많은 소비자들에게 제공하는 것이다. 점포 직원들이 스스로 독립해 가맹점 점주가 될 수 있도록 정신적, 금전적 지원을 아끼지 않을 것이라 전했다.

최광종 점주의 한마디…

최악의 상황을 대비하세요

창업에서 쉬운 건 없습니다. 성공만 생각할 것이 아니라 최악의 상황도 생각하고 이를 대비할 수 있는 정신력과 체력을 키워야 합니다. 때문에 창업 준비는 가능한 한 많이 하는 것이 좋습니다. 예산도 프랜차이즈 업체에서 말하는 예상금액 보다는 좀 더 많은 여유자금을 갖고 시작해야 합니다. 빠듯한 예산으로 어려움을 겪지 않으셨으면 합니다.

본사 (주)서가김푸드
총 창업비 별도문의

브랜드 콘셉트 가격도 착하고 맛도 착한 주방장 필요없는 중식창업!
www.jjongsik.com

서민교의 창업 패트롤

점포운영 노하우

지난한 창업준비 과정이 끝난 후 점포운영을 시작하게 되었지만 '이제 운영을 어떻게 해야 하나'라는 또 다른 고민이 시작된다. 아무래도 창업 준비 과정을 충실하게 준비한 점주보다 그렇지 않은 점주가 고민과 걱정이 더 많을 수밖에 없다. 든든하게 기초 과정을 튼튼히 하는 것은 성공적인 창업과 점포운영까지 많은 영향을 미치므로 창업준비의 한 단계도 허투루 하지 않는 것이 좋다.

1. 가맹점 교육

가맹점 교육은 가맹본부의 노하우에 따라 이론과 실습으로 되어 있다. 이 과정에서는 가맹점 교육 및 개점지도를 받고 운영 시 슈퍼바이저의 경영지도에 따라 점포운영에 따른 노하우를 점주가 자연스럽게 습득할 수 있도록 시스템화되어 있다. 그러므로 이론과 실습이 있는 가맹점 교육, 개점·영업·마감까지 반복실습하는 개점지도, 지금까지 배운 것과 경영전반을 배우는 슈퍼바이저 경영지도 등을 충실히 따르면서 점포운영의 기초를 쌓아가야 한다.

2. 충실한 매뉴얼 이행

배운 대로 점포운영을 잘 해나가고 매출이 정상궤도에 오르더라도 점포관리에 소홀해지면 곧바로 매출은 줄어든다. 장사 경험이 있는 가맹점사업자들의 경우, 본인의 습관을 고집하는 경우가 있는데 그럴 때는 매출에 한계가 있을 수밖에 없다. 접객부터 상품관리, 매장관리 등 운영 매뉴얼대로 충실히 이행한다면 매출 및 이익은 꾸준히 상승할 수 있을 것이다.

3. 슈퍼바이저 활용

가맹점주들 사이에는 '슈퍼바이저를 괴롭게 만들어야 장사가 잘 된다'라는 말이 있다. 여기서 괴롭게 만든다는 것은 점포운영에 대해 많이 묻고 많이 도움을 요청하라는 뜻이다. 즉, 슈퍼바이저들에게 점포를 활성화해 매출을 상승시킬 수 있는 조언을 가능한 한 많이 구하고 점포운영에 반영할 수 있는 노하우를 많이 배워야 한다.

4. 마케팅 정책 활용

가맹본부는 월간, 분기별, 연간 등으로 마케팅 계획을 수립하고 진행한다. 이는 가맹점사업자가 혼자서는 할 수 없는 부분이기 때문에 미리 잘 알아두고 슈퍼바이저의 제안에 따라 적극적으로 마케팅에 임해 매출 증대에 노력하는 것이 좋다. 프랜차이즈 브랜드의 경우, 드라마 제작에 함께하면서 높은 광고효과를 얻은 경우도 많으므로 꼼꼼하게 점검해 두자.

5. 경영분석

프랜차이즈 시스템에 경영분석을 맡기는 것이 가장 좋지만, 미흡한 본부가 많기 때문에 직접 총수입과 총비용, 고정비와 변동비 등을 이용한 손익분기점을 계산하는 것이 좋다. 그래야 현재 매출액에 대해 어떤 점을 개선해 나갈 것인지 알 수 있다.

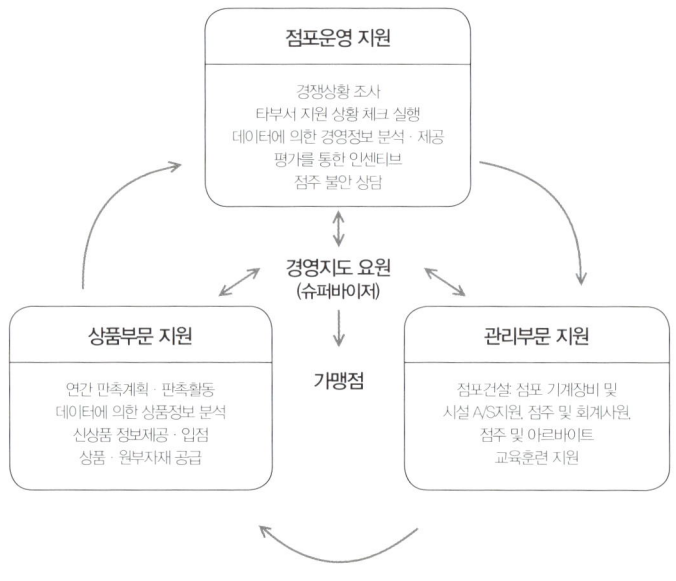

〈가맹점사업자 점포운영 구조형태〉

07

나는 아직 배고프다,
다점포 운영

첫 번째 가맹점을 성공적으로 운영하면서
2, 3호점을 운영하는 것은
프랜차이즈 업계에서 어렵지 않게 볼 수 있다.
가맹본부는 단순히 매장을 성공적으로 오픈하고
운영하는 데서 그 역할을 다하는 것이 아니라
여유로워진 재정 상황을
어떻게 재테크할 것인지에 대해서도
조언을 할 수 있는 역량을 갖추어야 한다.

3개 매장으로 함께 벌고 많이 벌고
〈본도시락〉 서울역점

〈본도시락〉 서울역점 허완 점주는 '도시락, 배달, 본아이에프'라는 3가지 비전을 미리 예측한 효과를 톡톡히 누리고 있다. 〈본도시락〉 가맹점 중에서도 서울역점, 마포점, 한남점 등 그가 운영하는 3개 매장 모두 전국 10% 안에 들 정도로 높은 매출을 기록한다.

성공 비결 알려드려요

〈본도시락〉 가맹점 사이에서 허완 점주의 사업 수완은 전국적으로 소문이 나 있다. 다른 지역의 가맹점주가 조언을 구할 때도 있는데, 그때마다 흔쾌히 자신의 노하우를 알려줬다. 권역도 다르고 비결을 알려줘도 하는 사람은 하고 안 하는 사람은 안 하기 때문이다.

허 점주는 외식업계에서 10년 이상 일했고, 도시락전문점에서 8년 근무하면서 이 분야가 창업 아이템으로 최적이라고 판단했다. 도시락전문점은 회전률이 좋았고, 적은 자금으로 창업하기에 배달전문점이 유리하고, 이제 배달이 외식업에서 중요해질 거라고 예상했다. 허 점주는 〈본도시락〉이 〈본죽〉과 같은 계열사로 외식업에서 신뢰를 쌓

은 기업이란 점과, 앞으로 성장 가능성이 높다는 점에 주목했다. "〈본도시락〉은 앞으로 함께 클 수 있겠다고 생각했습니다. 본사가 잘 하면 가맹점도 잘 되고, 가맹점이 잘 되면 본사도 더 크게 성장할 수 있잖아요." 예측은 정확했다. 비대면으로 고객 성향이 바뀌고, 최근 몇 년 동안 폭염, 미세먼지 등의 영향으로 배달을 선호하면서 주문이 폭주했다.

함께 벌고 많이 벌자

허 점주가 특히 신경을 기울인 건 딱 하나, 직원 고용 문제다. 겪어보니 정식 직원과 대행업체 직원의 고객 서비스가 너무나 차이가 컸기 때문에 조금 불편해도 대행업체 이용은 포기했다.

"배달대행업체 직원은 고객이 늦게 상품을 받으러 나오면 짜증까지 내더군요. 불친절하다는 불평이 끊이질 않기 때문에 고객과의 마찰을 줄이기 위해서라도 배달대행은 이용하지 않습니다. 앱으로 주문만 받아요."

배달은 물론 전단지 담당 직원도 따로 있다. 직원에게 점심시간엔 어느 지역을, 저녁에는 어느 지역에 전단지를 돌리라는 지시를 하면 맡은 업무를 성실하게 수행한다. 허 점주의 매장에서 일하는 직원들은 외식업계에서 보기 드물게 장기근속 중이다. "수익을 많이 남기려면 계약직이나 아르바이트 개념으로 직원을 바꿔가면서 사람을 쓰면 되겠죠. 하지만 저는 돈을 많이 벌겠다는 생각보다도 같이 많이 벌자는 생각입니다. 직원들도 그걸 알기 때문에 더 열심히 해주고 있어요. 특히 음식 맛은 초보가 잡기 어렵기 때문에 아르바이트에게 절대 맡기지 않습니다." 이러한 마인드 덕분에 허 점주가 운영하는 3개 매장은 꾸준한 매출을 자랑하고 있다. 앞으로도 지금처럼 기본을 지키며 매출을 이어나갈 예정이다.

허완 점주의 한마디…

직접 상권과 고객 성향을 파악하라!

도시락을 배달할 상권의 골목 구석구석을 다 돌아봤습니다. 건물 하나도 지나치지 않고 어떤 회사가 있는지 전부 체크했고, 서울역사 회의실에서 미팅이 많다는 사실도 알아내 점심 시간을 공략했습니다. 직접 전단지를 돌렸고, DM도 발송해 〈본도시락〉 서울역점에 대해 알렸어요. 그렇게 브랜드를 믿고 한번 주문한 고객들은 부동의 고정 고객이 됐습니다.

본사 본아이에프(주)	**브랜드 콘셉트** 30명부터 1만명까지 잘 차린 한 상
총 창업비 7,345만원 50㎡(15평)	www.bonif.co.kr

3호점까지 오픈한 원칙과 진심
〈수유리우동집〉 길동점

가맹점 창업은 경험이 없어도 본사의 교육을 받으면 손쉽게 시작할 수 있다는 것이 장점이다. 그러나 〈수유리우동집〉 길동점 정세균 점주는 불편하고 힘들어도 다섯 달 동안 교육을 받으며 본사가 가진 원칙과 정신을 배워 나갔다.

위기를 극복하며 얻은 자신감

몇 년 전 창업을 준비하던 정세균 점주는 자주 오가는 길목에 있는 작은 우동집을 보게 됐다. 규모는 작아도 손님이 많았고, 맛도 일품이었다. 〈수유리우동집〉과 정 점주의 인연은 그렇게 시작됐다. 당시 본사 교육이 한 달이었는데, 정 점주는 자청해서 다섯 달 동안 교육을 받았다. 교육 기간 동안 정 점주는 정성스럽게 음식을 만들고, 손님에게 최선을 다하는 〈수유리우동집〉의 진심을 확인했다. 정 점주는 본사 교육 후 2011년 상계점, 2014년 중계점, 2017년 길동점을 차례차례 오픈했다. 하지만 문어발식 확장은 아니었다. 수익이 나지 않아도 〈수유리우동집〉이 가진 원칙에 대한 믿음으로 1년 이상 노력하며 견딘 결과였다.

교육 후 첫 매장을 오픈했지만, 첫 달부터 수익이 저조했다. 그런 상황이 계속되자 주변에서는 업종 전환을 권유했다. 하지만 정 점주는 본점에서 배운 것을 떠올리며 흔들리지 않았다. 오히려 자신이 문제라고 생각하고 부족한 요리 실력과 태도 등을 점검하며 개선했다. 그리고 장사가 안 되는 상황에서 찾아오는 손님들이 고마워서 진심을 다했다. 그러자 손님이 늘기 시작했고, 1년이 지나자 수익이 상승하면서 안정세에 접어들었다. 자신감이 생긴 정 점주는 그렇게 3호점까지 오픈하게 되었다.

"힘든 일을 극복하려고 노력했기 때문에 좋은 결실을 맺었다고 생각합니다. 원칙과 진심을 강조하는 〈수유리우동집〉 본사를 믿었기 때문에 가능했던 결과라고 생각합니다."

이익보단 손님을 위하는 마음

〈수유리우동집〉은 가맹점들도 직접 조리를 해서 손님들에게 음식을 제공하고 있다. 믿고 먹을 수 있는 정성이 담긴 음식을 중요하게 생각하기 때문이다. 가맹점 입장에서는 번거로울 수 있지만, 정 점주는 오히려 이런 점이 마음에 들었다. 그렇다고 재료비를 아끼는 것도 아니다. 가장 좋은 재료를 아낌없이 사용한다. 장사는 이익을 남기는 것이 우선이 아니라는 것이 그의 생각이다. "신선한 재료로 직접 요리를 하는 것이 옳은 길이라고 생각해요. 정성이 담긴 음식을 손님들이 맛있다고 해주실 때면 정말 기분이 좋습니다."

가장 최근에 오픈한 길동점도 오픈 2년이 지나자 매출이 상승하며 자리를 잡았다. 특히, 배달 주문도 많은데, 배달 앱 후기에는 손님들의 칭찬이 이어지고 있어서 뿌듯하다. 정 점주의 믿음은 상계점과 중계점에 이어 길동점에서도 성공적으로 정착 중이다. 정 점주는 앞으로 길동점 매출이 더 증가될 것으로 기대하고 있다.

"앞으로도 좋은 식재료와 정성이라는 원칙을 지키며 장사를 할 것입니다. 이익보다는 손님을 남기면서 어머니의 손맛을 느낄 수 있는 그런 길동점으로 성장할 것입니다."

정세균 점주의 한마디…

내 안에서 문제를 찾자

장사가 안 될 때는 원인을 스스로에게서 찾아야 합니다. 태도, 음식, 매장의 문제를 누구보다 먼저 파악하고 고칠 수 있어야 하고요. 그리고 다른 무엇보다 음식을 점검하는 것이 우선입니다. 수시로 음식을 점검하면서 개선하면 좋은 발전이 있을 것이라고 확신합니다.

본사 (주)물과소금	**브랜드 콘셉트** 1978년 수유리 우동집 40년 전통의 상징
총 창업비 7,500만원 50㎡(15평)	http://수유리우동집.com

다점포 점주의 고소득자
〈팔공티〉 이대점

카페 창업에 대해선 '1도 몰랐던' 박은용 점주는 2년 사이 〈팔공티〉를 대표하는 베테랑 점주가 됐다. 본사의 지침을 따르고, 고객의 입장을 헤아린다는 원칙을 지켰을 뿐인데 2개 점포를 운영하는 다점포점주에 고소득자가 된 것이다. 원칙 고수 외에 또 어떤 비결이 있을까.

한국에 가면 꼭 들러야 할 곳

창업 성공의 정석과는 반대의 길을 걸었다. 오래 고민하고 신중하게 결정해야 한다는 창업인데 박은용 점주는 일단 시작부터 하고 봤다. 수익이 많이 남는다는 말에 서둘러 〈팔공티〉 이대점을 인수한 것이다. 그런데 막상 시작하니 지인의 말과 달리 수익이 그리 크지 않아 염려가 커졌다. 매니저가 운영을 맡고 있었는데 관리가 제대로 되지 않았고 다른 점포에 비해 맛도 떨어졌다. 박 점주는 그 원인이 전 점주가 레시피를 지키지 않아서라는 사실을 알았다. 게다가 서비스업 종사자도 아니었던 자신이 보기에도 고객 응대가 탐탁지 않았다.

문제점을 파악한 박 점주는 바로 시정에 나섰고, 불과 2개

월 반만에 점포 운영을 정상으로 돌려놓았다. 그때부터 승승장구한 이대점은 가맹 2호점이라는 역사적인 점포로, 또한 가맹점 매출 톱 10에 꼽히는 우수 점포로 〈팔공티〉 가맹점 중에서도 기록을 남겼다. 이제 〈팔공티〉 이대점은 이대생 교환학생 관광객들로 늘 문전성시를 이루고 있다. 특히 중국 관광객들 사이에서는 '한국에 가면 꼭 먹어야 할 음료로 꼽히면서 SNS에 인증샷이 올라오는 핫플레이스가 되었다.

다점포 계획은 순항 중

택배업으로 고액의 소득을 올리던 박 점주는 전자제품 판매를 염두에 두고 창업을 고민했다. 손재주가 있고 요리를 좋아해서 외식업을 한다면 포자가 어떨까 하는 생각도 했다. 그런데 〈팔공티〉를 알게 되고 운영하면서 생각이 바뀌었고 홍대점까지 추가로 오픈했다.

"본사에서 알려준 레시피대로만 음료를 만들면 되니까 운영이 수월합니다. 이대점과 홍대점 2개 점포를 운영하는데 매일 양쪽 매장에 가서 버블도 직접 끓이고 청소부터 마감까지 직접 하고 있습니다."

당분간은 오픈한 지 얼마 안 된 홍대점에 더욱 집중하고 있다. 홍대점은 초창기 오픈한 이대점과는 또 다른 모습이다. 키오스크를 활용한 덕분에 고객들이 더욱 재밌어하면서 사이즈업에 토핑을 추가하는 등 선택의 폭이 넓어져 더 많이 이용하고 덕분에 매출이 높다. 점포와 고객마다 다른 성향이 있다는 점을 파악한 덕분에 점포를 늘린다는 계획에 박차를 가하고 성공적으로 운영할 수 있게 됐다.

"창업자 입장에서는 본사 교육을 이틀 정도만 받아도 충분하고, 고객 입장에서는 맛있고 저렴한 밀크티를 마음껏 마실 수 있어서 좋습니다. 그래서 밀크티 전문점이 많아도 〈팔공티〉에 선 사람들 줄이 가장 길고 많답니다." '이대는 나의 심장'이라며 박은용 점주는 가장 처음 오픈한 이대점과 홍대점 외에도 앞으로 2개 정도 더 점포를 늘릴 계획이다.

박은용 점주의 한마디…

친절하게, 웃으면서!

고객들에게 친절하게, 웃으면서 대하라고 직원들에게 신신당부합니다. 제품에 대해 묻는다면 자세하게 설명해드리라고 합니다. 외국인 고객이라면 번역기를 써서라도 자세하게 알려드리라고 말하고요. 작은 부분도 소홀하게 여기지 않았는데, 이런 부분이 좋은 평가를 받으면서 입소문이 났다고 생각합니다.

본사 (주)팔공티
총 창업비 6,100만원 33㎡(10평)

브랜드 콘셉트 1994년 대만 까오슝에서 시작된 밀크티 브랜드
www.palgongtea.co.kr

매장 두 개를 투잡으로 운영
〈커피랑도서관〉 한티역점

손원형 점주는 〈커피랑도서관〉 대치1호점과 한티역점을 운영 중인 다점포 점주다. 그는 첫인상부터 〈커피랑도서관〉에 끌렸고, 투잡에 적격인 아이템이라고 판단해 창업을 결심해 지금까지 한결같은 마음으로 운영하고 있다.

투잡과 다점포에 적격

첫 인상이 오래간다는 말처럼, 창업을 할 때도 첫 인상에 꽂힌 아이템을 선택하게 되는 경우가 많다. 손원형 점주 역시 마찬가지였다. 손 점주는 고등학생인 딸이 이용하던 〈커피랑도서관〉 양재점을 우연히 방문하게 됐고, 다른 스터디카페에 비해 차별화된다고 느껴 창업을 고려하게 됐다. 커피와 음료를 무제한 리필해준다는 점이 가장 큰 경쟁력으로 다가왔고, 칸막이 위주의 딱딱하고 정형화된 분위기 대신 자유롭고 개방적인 열람식 형태도 마음에 들었다. 프리랜서로 활동 중인 손 점주가 시간을 효율적으로 활용하기에도 안성맞춤이었다.

그 길로 손 점주는 〈커피랑도서관〉 본부에 상담을 요청했

고, 대치1호점을 오픈하기에 이르렀다. 투잡을 위해 창업을 하려면 노동력이 적게 들고, 시간을 많이 할애하지 않아도 되는 창업 아이템이 적격이다. 다점포 점주라면 더욱 그렇다. 손 점주는 〈커피랑도서관〉 대치1호점을 운영하며 편의성에 매우 만족했고, 예상에 비해 빨리 운영이 안정되자 점포를 하나 더 늘려야겠다고 판단했다. 이에 미리 눈여겨봤던 입지에 한티역점을 추가로 오픈하게 됐다. 한티역점의 경우 매니저와 주말 근무자까지 포함해 총 5명의 인력으로 운영되고 있다. 손 점주는 본업인 컨설턴트로 활동하며 외부에서 재고관리나 발주를 처리하고, 점포는 3일에 한 번 꼴로 방문한다. 손 점주로서는 본인이 활용 가능한 시간과 재원 내에서 최상의 선택을 한 셈이다.

자유로운 매장 운영

〈커피랑도서관〉은 '유통자율화'를 통해 커피 원두나 음료 등 가맹점에 공급하는 물품의 원가를 투명하게 공개하고 있다. 손 점주 역시 이 점에 매우 만족한다고 밝혔다. 게다가 로고가 박힌 커피 컵 등을 제외한 대다수의 물품을 점주가 자율적으로 구매할 수 있다는 것도 장점이다. 손 점주는 "물품 발주가 자유롭고 본부에서 강제하는 일이 없어서 좋아요. 다른 물품은 최저가를 찾아서 직접 구매하고 있지만, 커피 원두만은 퀄리티 대비 본부의 공급가가 합리적이어서 계속 이용하고 있습니다"라고 말했다.

또한 대치동 학원가의 특성상 스터디카페나 독서실이 밀집해 있는데, 〈커피랑도서관〉은 커피와 음료를 무한리필로 제공하기 때문에 경쟁력 확보에 유리했다. 현재 〈커피랑도서관〉 대치1호점과 한티역점은 대학생, 취업준비생, 중고등학생이 5:3:2의 비율을 이루며 성업 중이다.

손 점주는 〈커피랑도서관〉 가맹점을 운영하면서 생긴 가장 긍정적인 변화로 딸과 가까워진 것을 꼽는다. 과거에는 딸과 대화하는 시간이 적었는데, 손 점주가 운영하는 점포에서 딸이 공부를 하게 되며 대화할 기회가 늘어난 것. 손 점주는 앞으로도 소비자 대상으로 홍보 활동을 지속하며 〈커피랑도서관〉의 장점을 알리기 위해 노력할 계획이다.

손원형 점주의 한마디…

퇴직 후 창업을 고려한다면

제 또래가 보통 40대 후반에서 50대 초반인데, 대기업에서 부장이나 임원을 하다 퇴직한 친구들이 프랜차이즈 창업을 선택한 경우가 많습니다. 하지만 노하우도 부족하고 하루 종일 점포에 매여 있어 어려움을 겪는 사례가 많았죠. 반면 〈커피랑도서관〉은 자율성이 보장된다는 게 가장 큰 장점입니다. 자신이 가진 무기와 상황을 잘 고려해서 창업을 결정하시기 바랍니다.

본사 커피랑도서관(주) **브랜드 콘셉트** 카페형 독서공간
총 창업비 별도문의 www.cll.co.kr

기본에 충실한 베테랑 점주
〈킹콩부대찌개〉 가산BYC하이시티점

〈킹콩부대찌개〉 강창호 점주는 창업 초기의 마인드를 고수하며, 기본 서비스에 충실하다. 신선한 재료, 정직하게 만든 음식 그리고 밝은 미소를 더해 고객 만족도를 높인다는 방침이다.

프랜차이즈 점주가 되다

〈킹콩부대찌개〉 강창호 점주는 현재 가산BYC하이시티점과 독산역대륭17차점을 운영하는 베테랑 점주다. 강 점주는 5년 전 고깃집 운영을 시작으로 외식업에 뛰어들었다. 하지만 자영업자로 시장에서 살아남기란 만만치 않았다. 직원 관리, 들쑥날쑥 식자재 가격, 해마다 오르는 임대료 등 신경 쓸 게 한둘이 아니었다. 그래서 평소 부대찌개를 좋아했던 그는 부대찌개 전문 프랜차이즈 업계로 눈을 돌렸다. 〈킹콩부대찌개〉 외에도 다양한 브랜드의 점포를 직접 방문해 맛보고 고객반응을 살피고 시장성을 평가하며 업체 선정에 세심한 노력을 기울였다. 그 결과 〈킹콩부대찌개〉에 들어가는 소스와 재료가 젊은이들의 입맛에 특

화돼 있다고 판단, 〈킹콩부대찌개〉 가맹점주가 됐다. 이후 본부 시스템, 저렴한 식자재, 로열티, 마진율 등에 만족한 그는 점포를 확장해 나갔다. 아울러 형, 친구, 동창 등 주변에 적극 추천하며, 점포 오픈도 돕기도 했다.

물론 점포를 운영하는 데 어려움도 있었지만 그때마다 담당 슈퍼바이저의 도움으로 위기를 극복했다. 강 점주는 담당 슈퍼바이저가 음식을 만드는 과정부터 손님에게 전해지기까지의 과정을 관찰하고 점포에 방문할 때마다 직접 맛을 보고 한결같은 맛을 유지할 수 있도록 돕는다며 본부 시스템에 만족을 표했다.

초심으로 운영하고 노력하기

〈킹콩부대찌개〉 가산BYC하이시티점을 방문하는 고객은 배불리 먹을 수 있다. 밥과 라면을 무한으로 제공하는 〈킹콩부대찌개〉의 특성에 198㎡(60평)가량 되는 넓은 점포는 고객들이 마음 편히 식사를 하기에 안성맞춤이다. 고객들이 장시간 식사를 하더라도 눈치를 보지 않아도 되기 때문이다.

아울러 강 점주는 밝은 미소로 고객을 응대하고, 서비스 음료를 제공하며, 고객이 요청하기 전에 라면사리를 제공하는 등 기본 서비스에 충실한다. 또 일정한 맛을 유지하기 위해 신선한 재료를 사용하며, 본부에서 제공하는 매뉴얼을 그대로 따른다. 강 점주는 "창업 후 6~8개월이 지나면 초기 매출보다 30% 줄어들어요. 그렇다고 식재료 원가율을 낮춰 수익을 높이려 한다면 필히 폐업에 이르게 됩니다"라며 기본에 충실할 것을 강조했다. 계절이나 경기에 의해 매출이 줄어들 때도 초창기 마음으로 점포를 운영해야 어려운 시기를 견딜 수 있다는 것.

한편, 강 점주는 직원들이 스트레스를 받지 않도록 직책 별로 합리적으로 일을 배분하고, 꼭 해야 할 얘기가 있을 경우에만 점장을 통해 전달한다. "직원들이 스트레스를 받지 않아야 고객들에게 대답도 잘하고 서비스도 좋아지니까요"라며 밝게 미소 지었다. 향후 목표는 사업을 확장해 나가는 것으로, 적당한 장소와 재정만 마련된다면 점포 수를 지속적으로 늘려나갈 계획으로 최선을 다하고 있다.

강창호 점주의 한마디…

신중 또 신중해야 합니다

창업은 신중해야 합니다. 시장 조사를 위해 점포를 직접 방문해 음식을 맛보고, 주변 사람들에게 묻고, 상권을 스스로 분석해야 합니다. 창업이란 자신의 재산을 투자하는 것입니다. 자신의 재산은 스스로 지켜야 합니다. 최대한 신중하고 꼼꼼하게 준비하셔서 실패하지 않았으면 합니다.

브랜드명 (주)에스엘에프앤비
총 창업비 1,600만원 83㎡(25평, 점주 직접 시공 구매)

브랜드 콘셉트 라면사리 & 밥 무한 리필
www.kingkongbudae.co.kr

프랜차이즈 선진국의 시스템, 메가 프랜차이즈

프랜차이즈가 발달한 프랜차이즈 선진국에서는 여러 개의 브랜드, 여러 개의 매장이 합쳐진 메가 프랜차이즈라는 개념이 있다. 각기 다른 브랜드 또는 같은 브랜드지만 각각의 노하우를 잘 모아 하나로 묶어서 메가 프랜차이즈로 운영하면 또다른 가맹본사의 역할을 할 수 있는 것이다. 우리나라에는 아직 존재하지 않는 시스템이고 시장 성숙도가 필요한 부분이다. 하지만 제대로 된 가맹본부가 늘어나고 성공하는 가맹점주들이 늘어난다면 언젠가는 우리나라에서도 볼 수 있게 될 것이다.

지속운영 n호점, 그리고 그후

창업의 11단계 중 가장 마지막 단계는 바로 지속운영 과정이다. 오픈을 하고 만족할 만한 아이템과 서비스로 일정 이상의 매출을 안정되게 이루는 과정인 셈이다. 그런데 그렇게 몇 년 동안 매장운영을 성공적으로 한 후에는 무엇을 해야 할까? 보통 첫 번째 매장을 성공으로 운영하게 되면 2호점을 내고 3호점을 낸다. 그렇게 몇 개의 매장을 낸 후, 시장이 포화상태라고 생각하거나 새로운 아이템을 하고 싶으시면 가맹본부의 세컨드 브랜드를 선택하거나 다른 프랜차이즈를 선택하기도 한다. 많지는 않지만 나만의 프랜차이즈 브랜드를 만들어보겠다는 꿈을 가지기도 한다. 실제로 보고 들은 것을 바탕으로 가맹본사를 꾸려보려는 경우도 있지만, 실제로 실행에 옮겼다가 운영에 어려움을 느껴 손해만 보기도 한다.

우리나라에서는 가맹점 운영에 어느 정도 성공을 하게 되면 아쉽게도 할 수 있는 일에는 한계가 있다. 점포를 몇 개 더 내거나 자신만의 브랜드를 갖고 싶어한다. 혹은 뜻밖에 생긴 수입을 어떻게 해야 할지 몰라 허투루 쓰면서 가정불화 혹은 재정난을 겪기도 한다. 이때 가맹본부에서는 여유자금을 어떻게 활용할 것인지에 대해 가맹점주에게 조언하는 것 또한 해야 할 일 중 하나이다. 합리적이고 안정적인 방법으로 여유자금을 제대로 활용할 수 있는 방법을 가지고 있어야 하는 것 또한 가맹본부가 가지고 있어야 할 능력인 것이다.

점주들의 꿈이 될 메가 프랜차이즈

A브랜드 매장으로 성공한 가맹점주가 2, 3호점을 추가로 오픈한 뒤, 이번에는 B브랜드 매장으로 성공해 역시 2, 3호점의 추가 매장을 열게 된다. 가맹본사, 즉 프랜차이즈 기업의 가장 큰 장점은 규모의 경제로 인해 가맹점이 늘어날수록 필요한 비용이 줄어든다는 것이다. 10개 매장에 들어가는 비용이 1개 매장 비용의 10배가 아니라 그보다 더 낮게 책정되기 때문에 매장을 여러 개 운영할수록 비용은 적게 들고 수익이 높아지는 것은 당연하다. 그렇기 때문에 1호점에서 2호점을 낼 때까지의 시간보다 2호점에서 3호점을 낼 때까지의 시간이 훨씬 짧다. 이렇게 여러 개의 매장을 성공적으로 운영하면서 매장 수를 꾸준히 늘리게 되고 일정 이상이 되면 어떻게 해야 할까? 우리나라에서는 매니저와 직원을 두고 사장 혹은 대표는 유유자적하게 사는 경우가 많지만, 프랜차이즈가 발달한 나라에서는 메가 프랜차이즈가 있다. 메가 프랜차이즈로 자신이 운영하는 매장을 하나의 틀 안에 두고 새로운 프랜차이즈 본사가 되어 기업을 운영하는 셈이 되는 것이다. 그러다 보니 굳이 포화된 시장에서 '나만의 브랜드'를 만들면서 위험을 무릅쓸 필요도 없고, 기존 시스템을 재정비하면서 안정된 사업 형태를 이루어가게 된다.

안타깝게도 우리나라에서는 아직 메가 프랜차이즈 기업 형태가 법적으로는 존재하지 않고 있다. 하지만 지금의 미성숙된 프랜차이즈 시장이 성숙되면서 언젠가는 우리나라도 메가 프랜차이즈 기업이 법적 제도하에 나타나면서 1등 가맹점 점주들의 꿈이 2, 3호점 그리고 새로운 브랜드가 아닌, 여러 개의 브랜드를 산하에 둔 메가 프랜차이즈 본사 대표가 될 수 있을 것이다.

부록 I

2019 한국프랜차이즈산업 통계

2019 한국프랜차이즈산업 통계

프랜차이즈 산업 전반 통계 데이터는 2018년 12월 31일까지 정보공개서를 등록한 브랜드 중 기업의 2017년 매출액이 2조원 이상인 브랜드를 제외한 4,816개 기업과 5,960개 브랜드를 추출하였음.

1. 기업 수(N=4,816)와 브랜드 수(N=5,960)

- 2018년 12월 31일 기준 프랜차이즈 기업과 브랜드 수는 전년대비 6%이상 증가하였으며, 최근 3년간 증가율은 감소하는 추세를 보이고 있음.
- 증가율이 감소하고 있는 것은 국내 프랜차이즈 시장이 포화상태에 이르고 있는 것으로 판단되며, 경기불황과 인건비 인상과 같은 급격한 경영환경 변화와 더불어 점차 강화되고 있는 프랜차이즈에 대한 규제도 산업 정체에 영향을 미치는 요인으로 볼 수 있음.
- 그러나, 그동안 국내 시장규모에 비해 무분별한 프랜차이즈 증가는 산업의 질적 성장을 저해하므로, 법적인 규제와 더불어 가맹사업개시 조건 및 인증제도를 강화하여 시장 진입에 대한 장벽을 높일 필요성이 있음.
- 한편, 기업별 브랜드 수는 매년 비슷한 수준으로 유지되는데 이는 브랜드가 1개인 신규 프랜차이즈의 지속적인 유입과 폐업이 반복되는 현실을 반영한 결과라 할 수 있음.

연도	기업 수	기업 증가율	브랜드 수	브랜드 증가율	기업별 브랜드수
2015	4,097	32.8%	5,044	34.6%	1.23
2016	4,538	10.8%	5,581	10.6%	1.23
2017	4,816	6.1%	5,960	6.8%	1.24

〈연도별 기업 수(N=4,816) 및 브랜드 수(N=5,960)〉

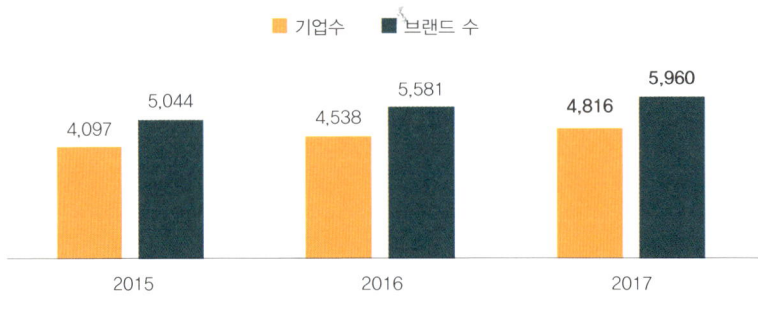

⟨연도별 기업 수 및 브랜드 수(단위: 개)⟩

2. 기업(N=4,816) 및 브랜드(N=5,960) 평균 존속년수

- 기업의 존속 년 수는 법인설립일 기준이며, 브랜드 존속년수는 정보공개서상의 가맹사업개시일 기준으로 측정함.
- 프랜차이즈 기업의 평균 존속 년수는 6.65년, 브랜드 평균 존속년수는 4.83년으로 기업과 브랜드 간의 편차가 크지 않음.
- 따라서 다음 장부터 제시되는 업종분류별, 규모별, 지역별 데이터를 확인할 필요가 있음.

구분	기업	브랜드
산업 전반	6.65	4.83

⟨기업(N=4,816) 및 브랜드(N=5,960) 평균 존속년수⟩

3. 기업(N=4,816) 및 브랜드(N=5,960) 사업 미개시 현황

- 정보공개서를 등록한 기업 중 가맹점 및 직영점이 한 개도 없는 기업은 전체의 15.57%(750개 기업)를 차지하고 있으며, 전체 브랜드의 17.6% 역시 가맹점과 직영점이 한 개도 없는 상태에서 정보공개서를 등록한 것으로 나타남.
- 결국, 2017년 기준 실제 가맹사업을 개시한 기업 및 브랜드 수는 표 ⟨사업 개시 기업 수 및 브랜드 수⟩와 같다고 할 수 있음.
- 현행법상 가맹본부의 자격기준에 대한 아무런 규정이 마련되어 있지 않아, 예비창업자가 참고해야 할 정보를 갖추지 못하고 무분별하게 정보공개서만 등록하고 가맹사업을 개시하는 브랜드가 상당하다고 할 수 있음.
- 또한, 이렇게 등록만 하고 실제 가맹사업을 개시하지 않은 브랜드들이 전체 산업규모를 왜곡할 가능성이 있으므로 본 보고서에서는 평균점포현황과 같은 데이터 통계분석시 사업 미개시 기업 및 브랜드를 제외한 데이터를 추가로 삽입하였음.

구분	사업 미개시 기업수		사업 미개시 브랜드 수	
	빈도 수(개)	비율(%/4,816)	빈도 수(개)	비율(%/5,960)
매출 기준[1]	662	13.75%	736	12.35%
가맹점 기준[2]	1,310	27.20%	1,673	28.07%
가맹점·직영점 기준[3]	750	15.57%	1,049	17.60%

1) 2017년 매출 0원 및 미입력(null)
2) 2017년 가맹점 수 0개 및 미입력(null)
3) 2017년 가맹점 수 0개, 직영점 수 0개 및 미입력(null)

〈사업 미개시 현황〉

구분	기업	브랜드
	빈도 수(개)	빈도 수(개)
2017[1]	3,506	4,287

1) 2017년 가맹점 수 0개 및 미입력(null)을 제외한 기업 및 브랜드 수

〈사업 개시 기업 수 및 브랜드 수〉

4. 폐업 및 신규등록 브랜드 수(N=5,960)

- 폐업 브랜드 수는 1,062개로 전년도 5,581개 브랜드 중 약 19%가 폐업한 것으로 나타남.
- 폐업 브랜드를 업종별로 살펴보면, 1,062개 브랜드 중 한식브랜드가 가장 높은 비율(20.7%)로 나타났으며, 기타외식 14.4%, 제과제빵 6.2% 커피 5.9% 순으로 나타남.
- 폐업 브랜드는 가맹사업을 중단하여 정보공개서를 자진취소하거나, 중요 기재사항을 변경하고 등록하지 않아 공정위에서 직권취소한 경우가 포함됨. 직권취소의 사유는 휴·폐업, 신규 가맹점 모집 중단, 단순 불이행 등이 해당됨.
- 정보공개서 등록이 취소된 가맹본부는 해당 브랜드에 대한 신규 가맹점 모집(가맹계약 체결 등)이 금지되므로, 가맹희망자의 피해가 없도록 엄격한 제재가 요구됨.
- 업종별 신규등록 브랜드 수는 전체 1,347개로 외식 1,052개, 서비스 228개, 도소매 67개로 나타남.
- 신규등록 브랜드를 업종별로 살펴보면, 전체 신규등록 브랜드 중 한식브랜드 비중이 가장 높았으며(26.2%), 기타 외식(11.2%), 분식(6.8%), 커피(6.0%) 순으로 나타남.

연도	외식	서비스	도소매	전체
2015	477	131	56	664
2016	774	136	71	981
2017	839	162	61	1,062

〈폐점 브랜드 수(N=1,062)〉

연도	외식	서비스	도소매	전체
2017	1,052	228	67	1,347

〈신규등록 브랜드 수(N=5,960)〉

업종	신규등록 브랜드		폐업 브랜드	
외식	*1,052*	*78.1%*	*839*	*79.0%*
기타 외국식	33	2.4%	17	1.6%
기타 외식	150	11.1%	153	14.4%
분식	92	6.8%	58	5.5%
서양식	36	2.7%	17	1.6%
아이스크림/빙수	6	0.4%	21	2.0%
음료 (커피 외)	12	0.9%	18	1.7%
일식	56	4.2%	25	2.4%
제과제빵	29	2.2%	66	6.2%
주점	50	3.7%	61	5.7%
중식	26	1.9%	15	1.4%
치킨	79	5.9%	62	5.8%
커피	80	5.9%	63	5.9%
패스트푸드	19	1.4%	26	2.4%
피자	25	1.9%	17	1.6%
한식	359	26.7%	220	20.7%
서비스	*228*	*16.9%*	*162*	*15.3%*
PC방	16	1.2%	4	0.4%
교육 (교과)	2	0.1%	6	0.6%
교육 (외국어)	9	0.7%	11	1.0%
기타 교육	37	2.7%	25	2.4%
기타 서비스	60	4.5%	37	3.5%
반려동물 관련	7	0.5%	5	0.5%
배달	2	0.1%	1	0.1%
부동산 중개	1	0.1%	0	0.0%
세탁	6	0.4%	4	0.4%
숙박	1	0.1%	3	0.3%
스포츠 관련	13	1.0%	17	1.6%
오락	8	0.6%	8	0.8%

업종	신규등록 브랜드		폐업 브랜드	
운송	3	0.2%	0	0.0%
유아 관련	13	1.0%	5	0.5%
이미용	33	2.4%	22	2.1%
이사	0	0.0%	0	0.0%
인력 파견	4	0.3%	1	0.1%
임대	2	0.1%	1	0.1%
자동차 관련	11	0.8%	12	1.1%
도소매	67	5.0%	61	5.7%
(건강)식품	5	0.4%	4	0.4%
기타도소매	40	3.0%	32	3.0%
농수산물	5	0.4%	4	0.4%
안경	6	0.4%	0	0.0%
약국	0	0.0%	0	0.0%
의류 / 패션	3	0.2%	12	1.1%
종합소매점	2	0.1%	1	0.1%
편의점	4	0.3%	1	0.1%
화장품	2	0.1%	7	0.7%
(계)	1,347	100.0%	1,062	100.0%

〈업종별 정보공개서 신규 등록 및 폐업 현황〉

5. 프랜차이즈 브랜드 마케팅 비용(N=5,960)

- 프랜차이즈 본부에서 지출하는 총 광고비와 평균 광고비는 전년대비 소폭 증가하였으나, 판촉비는 전년대비 약 20% 내외로 감소한 것으로 나타남.

연도	광고비		판촉비	
	전체	평균	전체	평균
2015	1,033,855,248	204,967	400,076,243	79,317
2016	1,325,118,544	240,014	513,072,410	92,931
2017	1,416,138,817	241,250	438,688,954	74,734

〈프랜차이즈 브랜드 마케팅 비용(단위: 천원)〉

6. 프랜차이즈 브랜드 사업자 형태(N=5,960)

- 프랜차이즈 브랜드의 사업자 형태는 법인으로 등록한 브랜드가 70.4%(4,196개), 개인사업자로 등록한 브랜드가 29.6%(1,764개)로 확인되었음.
- 공정위는 가맹사업등록을 함에 있어 사업자의 형태에 제한을 두지 않고 있음.

구분	빈도수(개)	비율(%)
개인	1,764	29.6%
법인	4,196	70.4%
합계	5,960	100.0%

〈사업자 형태(N=5,960)〉

7. 프랜차이즈 산업(기업) 재무현황(N=4,816)

- 프랜차이즈 산업의 재무현황은 총자산, 총부채 및 총 영업이익은 증가하였으나, 나머지 지표는 소폭 감소한 것으로 나타남.
- 프랜차이즈 본부 매출의 총액은 2017년 약 46.9조원으로 전년대비 약 0.4조원 가량 감소하였으나, 영업이익은 전년대비 약 20% 증가하였음.
- 프랜차이즈 전체 산업의 규모는 프랜차이즈 기업의 매출액과 가맹점 총 매출액의 합으로 추정할 수 있음.
- 전체 브랜드 가맹점의 연간 총 매출을 추정(연평균매출액×가맹점수)한 결과, 57.2조원으로 파악되었으며, 프랜차이즈 기업의 총 매출을 더하면, 프랜차이즈 산업의 전체 시장규모는 약 104조원으로 확인됨.

연도	2016		2017	
	전체	평균	전체	평균
총 자산	33,436,049,500	7,448,441	36,050,484,017	7,512,083
총 자본	17,297,441,753	3,853,295	16,821,129,982	3,505,132
총 부채	16,220,610,871	3,613,413	19,473,817,600	4,057,891
매출액①	47,365,701,433	10,551,504	46,987,652,441	9,887,974
영업이익	2,054,994,852	457,785	2,461,429,338	517,978
당기순이익	1,258,930,006	280,448	1,158,194,298	243,728
가맹점총 매출액②	53,947,095,886	301,532 (연평균)	57,274,406,598	298,606 (연평균)
프랜차이즈산업규모①+②	101,312,797,319		104,262,059,039	

〈프랜차이즈 산업 재무현황(단위: 천원)〉

8. 임직원 수(N=4,816)

- 프랜차이즈 기업의 전체 임직원 수는 전년대비 약 16% 감소하였으며, 프랜차이즈 기업 평균 임직원 수도 전년대비 약 11명 감소하였음.
- 한편, 전년대비 전체 임원수는 소폭 증가하였으며, 전체 직원수 및 평균 직원수는 전년대비 감소한 것으로 나타남.

연도	임원		직원		임직원	
	전체	평균	전체	평균	전체	평균
2015	8,839	2.2	155,929	38.9	164,768	40.2
2016	9,420	2.1	223,345	49.2	232,765	51.3
2017	9,772	2.1	183,618	38.6	193,390	40.7

〈프랜차이즈 기업 임직원 수(단위: 명)〉

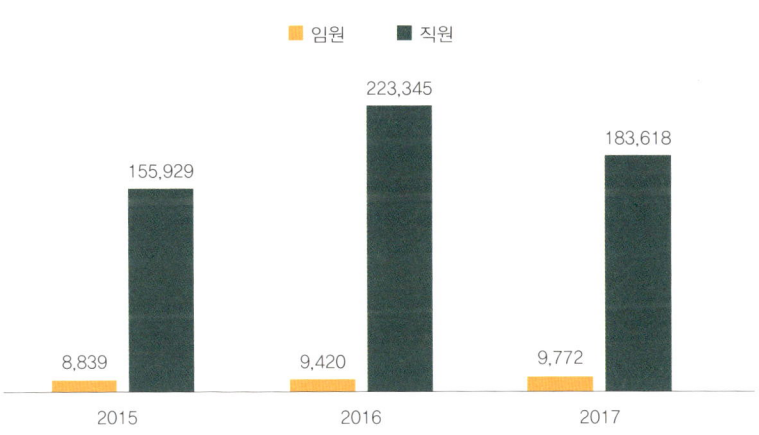

〈프랜차이즈 기업 임직원 수(단위: 명)〉

9. 프랜차이즈 브랜드 평균 점포 수(N=5,960)

- 프랜차이즈 브랜드의 평균 점포 수는 직영점과 가맹점이 모두 전년대비 다소 감소하였음.
- 전체 점포수 대비 직영점의 비율은 6% 내외이며, 전체 브랜드 중 직영점이 없는 브랜드는 57.9%를 차지하고 있어, 본부 고유의 노하우 없이 가맹사업을 전개하는 브랜드 수가 상당한 비율을 차지하는 것으로 나타남.

연도	직영점	가맹점	전체 점포
2015	2.7	35.3	38.0
2016	3.0	39.4	42.4
2017	2.6	37.8	40.5
2017[1] (n=4,287)	3.2	52.4	55.6

1) 가맹점 수 0개 및 미입력(null) 브랜드를 제외한 데이터

⟨프랜차이즈 브랜드 평균 점포 수(단위: 개)⟩

연도	기업		브랜드	
	빈도 수(개)	비율(%)	빈도 수(개)	비율(%)
2016	2,257	49.7%(/4,538)	3,323	59.5%(/5,581)
2017	2,605	54.1%(/4,816)	3,452	57.9%(/5,960)

⟨프랜차이즈 직영점 미보유 현황⟩

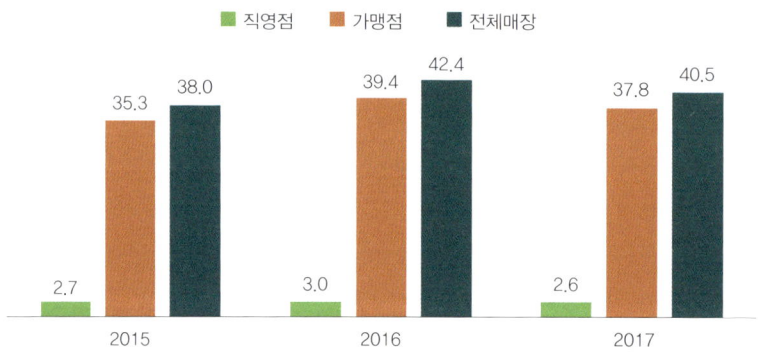

⟨연도별 브랜드 평균 점포 수(단위: 개)⟩

브랜드 존속년수 (가맹사업개시일 기준)	직영점 수	브랜드 수	비중 (n=5960)
1년 미만	0개	776	13.64%
1년 미만	1개	229	4.02%
1년 미만	2개이상	56	0.98%
1년 이상 ~ 2년 미만	0개	528	9.28%
1년 이상 ~ 2년 미만	1개	393	6.91%
1년 이상 ~ 2년 미만	2개이상	112	1.97%
2년 이상	0개	2,148	37.75%
2년 이상	1개	929	16.33%
2년 이상	2개이상	789	13.87%
합계	0개	3,452	57.9%
합계	1개	1,551	26.0%
합계	2개이상	957	16.1%

〈브랜드 존속년수에 따른 직영점 보유 현황〉

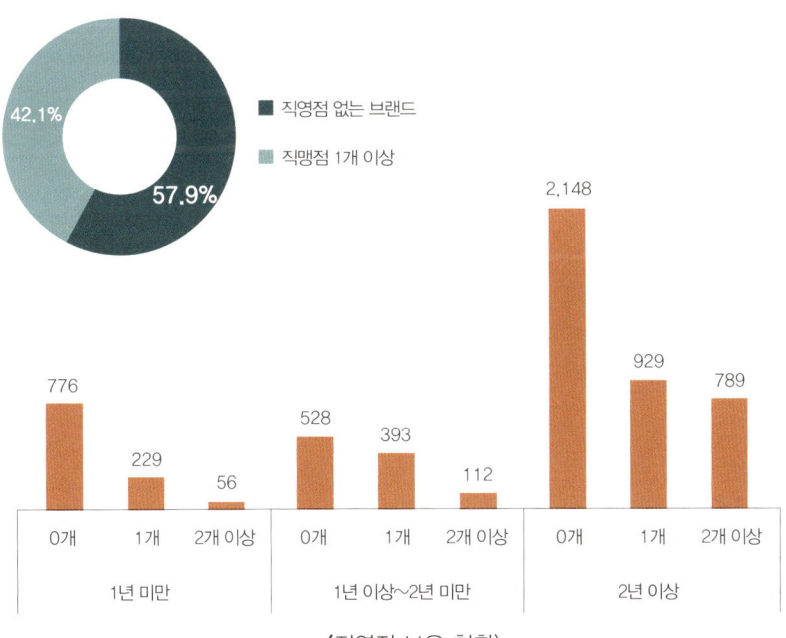

〈직영점 보유 현황〉

10. 프랜차이즈 브랜드 신규 개점 수(N=5,960)

- 프랜차이즈 본부의 평균 신규 개점 수는 2017년 7.3개로 전년대비 5.2% 감소한 것으로 나타남.
- 프랜차이즈 산업의 경쟁강도가 심화됨에 따라 신규 개점수가 다소 감소한 것으로 판단됨.

연도	브랜드 신규 개점 평균(개)	성장률(%)
2015	6.9	-29.6%
2016	7.7	11.6%
2017	7.3	-5.2%

〈프랜차이즈 브랜드 신규 개점 수〉

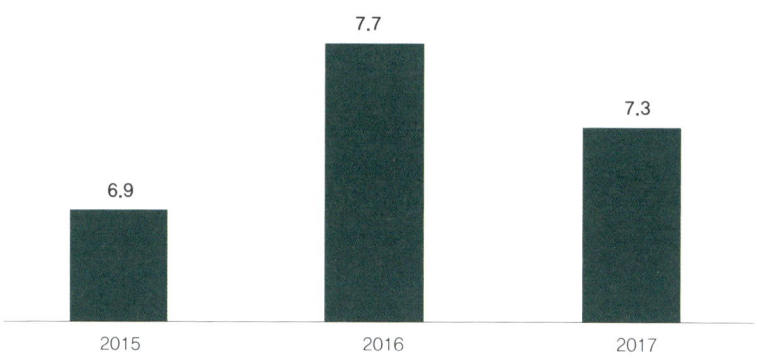

〈연도별 브랜드 평균 신규 개점 수(단위: 개)〉

11. 프랜차이즈 브랜드 평균 계약종료, 계약해지, 명의변경 수(N = 5,960)

- 프랜차이즈 브랜드의 계약종료는 매년 감소하는 추세이며, 평균 계약해지 및 명의변경은 전년도와 유사한 수준임.
- 계약종료와 계약해지 및 명의변경의 수는 매출 부진점이 그만큼 증가하고 있음을 나타내며, 가맹점 출점 전 가맹점주에 대한 평가, 상권 및 입지에 대한 철저한 분석을 통한 예상매출액 제공으로 우량 점포 양성을 도모할 필요성이 있음.
- 명의변경(양도양수)은 본부의 프랜차이즈 경영시스템이 지속적으로 약화되고 있다는 것을 뜻하며, 지속적인 점검을 통한 본부시스템 구축의 필요성이 있음.

연도	계약종료	계약해지	명의변경
2015	1.6	2.8	1.8
2016	1.4	3.4	2.1
2017	1.1	3.3	2.0

〈프랜차이즈 브랜드 평균 계약종료, 계약해지, 명의변경 수(단위: 개)〉

12. 초기 투자금 현황(N=5,960)

- 프랜차이즈 브랜드 평균 초기 투자금 중 가입비는 약 9,900만원, 교육비는 약 340만원, 보증금은 약 430만원의 수준으로 나타났으며, 전체 투자금 중 인테리어비용이 가장 많은 비중을 차지하는 것으로 나타남.
- 3.3㎡당 평균 175만원, 평균 인테리어 비용은 5,062만원으로 나타남.
- 기타비용은 통상적으로 초도물품, 설비 및 집기류 등이 포함되고 부동산 비용을 제외한 전체 개설비용은 평균 1.1억원이 소요되는 것으로 나타남.

연도	가입비	교육비	보증금	인테리어	기타 비용	총 비용
2015	10,530	3,220	4,498	49,440(1,725)[1]	91,555	159,243
2016	10,018	3,345	4,554	51,722(1,810)	48,296	117,935
2017	9,928	3,411	4,290	50,628(1,754)	47,978	116,236

1) 괄호 안의 숫자는 3.3㎡ 당 평균 비용을 의미함.

〈프랜차이즈 브랜드 평균 초기 투자금(단위: 천원)〉

13. 계약기간(N=5,960)

- 프랜차이즈 브랜드 평균 계약기간은 최초 2.2년, 연장 1.5년으로 매년 동일한 수준을 나타냄.
- 평균 계약기간 2~3년은 가맹점주가 투자금을 회수하기에 비교적 짧으며, 상가임대차기간과 다소 차이가 있어, 상가임대차 보호법기준(10년, 2018년 10월 개정)에 따른 가맹계약 기간산정이 필요함.

연도	최초 계약기간	연장 계약기간
2015	2.2	1.5
2016	2.2	1.5
2017	2.2	1.5

〈프랜차이즈 브랜드 평균 계약기간(단위: 년)〉

14. 업종별 기업 수(N=4,816)와 브랜드 수(N=5,960)

- 전체 프랜차이즈 기업 및 브랜드 중 외식업의 비중은 각각 74.6%, 76.0%로 최근 3년간 프랜차이즈 산업의 양적 성장을 주도하는 양상을 보임.
- 외식업의 증가는 프랜차이즈 산업의 규모 증대에 기여하고 있으나 노하우 없이 등록하는 프랜차이즈 브랜드의 증가로 가맹점주의 피해가 증가할 수 있으므로, 외식업 본사 창업을 쉽게 할 수 없도록 정보공개서 등록기준을 강화할 필요가 있음.
- 한편, 2017년 말 기준 전체 브랜드 5,960개 브랜드 중 사업미개시 브랜드(가맹점 0개) 1,673개를 제외한 데이터를 살펴보면, 전체 사업을 개시한(가맹점 1개 이상) 4,287개 브랜드 중 외식업은 3,247개(75.7%), 서비스업은 781개(18.2%), 도소매업은 259개(6.0%)로 나타남.

연도	외식		서비스		도소매		전체	
	기업	브랜드	기업	브랜드	기업	브랜드	기업	브랜드
2015	3,102 (75.7%)	3,860 (76.5%)	701 (17.1%)	846 (16.8%)	294 (7.2%)	338 (6.7%)	4,097	5,044
2016	3,404 (75.0%)	4,253 (76.2%)	825 (18.2%)	984 (17.6%)	309 (6.8%)	344 (6.2%)	4,538	5,581
2017	3,592 (74.6%)	4,527 (76.0%)	899 (18.7%)	1,069 (17.9%)	325 (6.7%)	364 (6.1%)	4,816	5,960
2017[1]	2,627 (74.9%)	3,247 (75.7%)	649 (18.5%)	781 (18.2%)	230 (6.6%)	259 (6.0%)	3,506	4,287

1) 2017년 가맹점 수 0개 및 미입력(null)을 제외한 데이터

〈프랜차이즈 업종별 기업 수 및 브랜드 수(단위: 개)〉

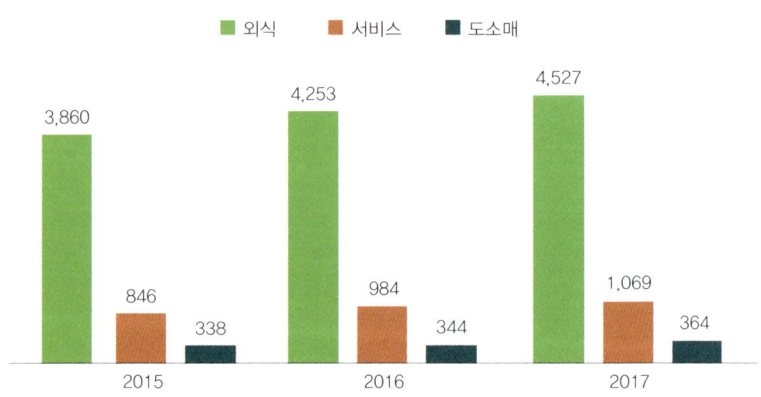

〈프랜차이즈 업종별 브랜드 수(단위: 개)〉

15. 업종별 기업 및 브랜드 존속년수

- 업종별 브랜드 존속년수는 도소매업이 6.7년, 서비스업이 5.6년, 외식업이 4.5년으로 나타남.
- 외식업의 경우 상대적으로 타 업종에 비해 존속 년 수가 짧게 나타났는데 신규등록 업체의 비중이 타 업종에 비해 높은 것이 원인이라 할 수 있음.

업종	기업	브랜드
외식	5.92	4.50
서비스	7.66	5.59
도소매	10.26	6.68

〈프랜차이즈 업종별 기업 및 브랜드 평균 존속년수〉

- 한편, 존속년수가 3년 미만인 브랜드가 전체의 48.1%이며, 5년 이상 존속한 브랜드 수는 전체의 33.2%에 불과한 것으로 나타남.
- 7년 이상 생존한 브랜드 수는 외식업이 20.5%로 타 업종에 비해 매우 낮은 수치를 보이고 있으며, 서비스업은 30.6%, 도소매업은 35.2%로 나타남.
- 전체 브랜드 중 20년 이상 사업을 영위한 브랜드는 1.8%에 불과한 것으로 나타남.

존속년수	외식		서비스		도소매		합계		
	빈도	%	빈도	%	빈도	%	빈도	유효%	누적%
3년미만	2,252	49.7%	478	44.7%	138	37.9%	2,868	48.1%	48.1%
3년이상~5년미만	884	19.5%	170	15.9%	59	16.2%	1,113	18.7%	66.8%
5년이상~7년미만	461	10.2%	93	8.7%	39	10.7%	593	9.9%	76.7%
7년이상~10년미만	431	9.5%	125	11.7%	45	12.4%	601	10.1%	86.8%
10년이상~15년미만	314	6.9%	117	10.9%	41	11.3%	472	7.9%	94.7%
15년이상~20년미만	123	2.7%	57	5.3%	24	6.6%	204	3.4%	98.2%
20년이상	62	1.4%	29	2.7%	18	4.9%	109	1.8%	100%
(계)	4,527		1,069		364		5,960		

〈프랜차이즈 존속년수 별 브랜드 수〉

16. 업종별 마케팅 비용(N=5,960)

- 업종별 프랜차이즈 브랜드의 전체 광고비용은 전년대비 전반적으로 증가하는 것으로 나타남.
- 특히 업종별 전체 광고비용이 모두 증가한 것으로 나타났는데 이는 각 업종 브랜드의 양적인 증대의 영향을 받은 것으로 판단됨.
- 도소매 업종의 경우 2017년 브랜드 평균 광고비용이 약 14.7억 원으로 높은 수준의 광고비용을 매년 지출하는 것으로 나타남.

업종	2015 전체	2015 평균	2016 전체	2016 평균	2017 전체	2017 평균
외식	449,505,798	119,359	705,238,433	167,714	719,099,139	161,342
서비스	186,802,848	225,064	150,045,804	153,735	172,231,566	163,098
도소매	397,546,602	1,201,047	469,834,307	1,381,866	524,808,112	1,470,051
(계)	1,033,855,248	204,967	1,325,118,544	240,014	1,416,138,817	241,250

〈프랜차이즈 업종별 광고비용(단위: 천원)〉

- 반면, 프랜차이즈 업종별 판촉비용은 외식업을 제외한 서비스/도소매 업종 모두 다소 감소한 것으로 나타남.
- 평균 판촉비용은 3대 업종 모두 감소한 것으로 나타났으며, 특히 도소매 업종의 평균 판촉비용이 큰 폭으로 감소하였음.

업종	2015 전체	2015 평균	2016 전체	2016 평균	2017 전체	2017 평균
외식	155,048,590	41,171	247,383,894	58,831	260,417,148	58,429
서비스	23,158,494	27,902	27,537,143	28,214	26,338,643	24,942
도소매	221,869,159	670,300	238,151,373	700,445	151,933,163	425,583
(계)	400,076,243	79,317	513,072,410	92,931	438,688,954	74,734

〈프랜차이즈 업종별 판촉비용(단위: 천원)〉

17. 업종별 프랜차이즈 기업 자산(N=4,816)

- 업종별 프랜차이즈 기업 총자산은 외식, 서비스, 도소매 업종 모두 전년대비 증가하였음.
- 도소매 업종의 평균 총자산이 약 436억 원으로 다른 업종에 비해 높은 수치를 보이고 있는데, 이는 도소매 업종에 대기업이 다수 속해있는 것이 기인함.
- 한편, 외식업과 서비스업의 평균 자산규모는 매년 감소하는 추세로 양적성장이 지속적으로 일어나고 있으나 질적인 측면에서는 마이너스 성장의 형태를 보이고 있어 이에 대한 구조적 해결방안을 강구할 필요성이 있음.

업종	2015		2016		2017	
	전체	평균	전체	평균	전체	평균
외식	14,773,401,298	4,891,855	14,463,049,031	4,296,806	15,054,534,573	4,204,003
서비스	6,500,970,985	9,476,634	6,427,961,333	7,858,143	6,802,109,079	7,617,143
도소매	11,891,112,992	41,432,449	12,545,039,136	41,131,276	14,193,840,365	43,673,355
(계)	33,165,485,275	8,305,907	33,436,049,500	7,448,441	36,050,484,017	7,512,083

〈업종별 프랜차이즈 기업 자산(단위: 천원)〉

18. 업종별 프랜차이즈 기업 자본(N=4,816)

- 업종별 기업 총자본은 서비스업만이 전년대비 증가하였으며, 나머지 업종에서 전년대비 다소 감소한 것으로 나타남.
- 전체 총 자산이 소폭 증가한 가운데 총 자본이 감소한 것은 프랜차이즈 업계 부채가 증가했다는 것을 의미함.
- 특히 외식업의 전체 및 평균 총 자본은 타 업종에 비해 매년 5~10% 감소하는 추세로 이는 외식업종 기업 수 증가와 상반되는 결과로 전년대비 그만큼 외식업종의 재무안정성이 다소 악화되었음을 나타내고 있음.

업종	2015		2016		2017	
	전체	평균	전체	평균	전체	평균
외식	7,074,321,503	2,342,491	6,352,525,239	1,887,262	6,037,424,735	1,685,961
서비스	3,807,550,124	5,550,365	3,789,919,711	4,633,154	4,219,131,516	4,724,671
도소매	6,669,290,491	23,237,946	7,154,906,803	23,459,006	6,564,573,731	20,198,688
(계)	17,551,162,118	4,395,483	17,297,441,753	3,853,295	16,821,129,982	3,505,132

〈업종별 프랜차이즈 기업 자본(단위: 천원)〉

19. 업종별 프랜차이즈 기업 부채(N=4,816)

- 업종별 부채의 총합은 서비스 업종을 제외한 외식, 도소매 업종에서 최근 3년간 높은 비율로 증가하는 추세를 보이고 있음.
- 외식업종의 경우 총 부채가 10%이상 증가하고, 총 자본이 감소한 것으로 볼 때 전체 총자산대비 부채비율은 증가한 것으로 판단됨.
- 도소매 업종의 경우 평균 부채액은 타 업종에 비해 높으며, 전년대비 큰 폭으로 증가하였음.

업종	2015 전체	2015 평균	2016 전체	2016 평균	2017 전체	2017 평균
외식	7,761,545,210	2,570,048	8,111,916,712	2,409,957	9,254,361,393	2,584,295
서비스	2,693,409,836	3,926,253	2,638,896,120	3,226,034	2,590,184,421	2,900,542
도소매	5,221,822,242	18,194,503	5,469,798,039	17,933,764	7,629,271,786	23,474,682
(계)	15,676,777,288	3,926,065	16,220,610,871	3,613,413	19,473,817,600	4,057,891

〈업종별 프랜차이즈 기업 부채(단위: 천원)〉

20. 업종별 프랜차이즈 기업 매출액(N=4,816)

- 업종별 프랜차이즈 기업 매출액의 총합은 전년대비 소폭 감소하였음.
- 업종별로 외식, 서비스업종은 전년대비 총 매출액이 다소 감소하였으며, 도소매 업종만 약 5% 증가한 것으로 나타남.
- 평균 매출액은 모든 업종이 전년대비 다소 감소한 것으로 나타남.
- 프랜차이즈 기업 매출액 총합이 가장 큰 업종은 도소매업종으로 나타났으나, 평균 매출액은 오히려 감소한 것으로 나타나, 양적인 규모에 비해 개별 기업의 내실 있는 성장을 위한 노력이 요구됨.
- 평균 매출액은 도소매 업종이 가장 높은 것으로 나타나 도소매업종의 본사 규모가 타 업종에 비해 전반적으로 큰 것으로 판단할 수 있음.

업종	2015 전체	2015 평균	2016 전체	2016 평균	2017 전체	2017 평균
외식	20,087,176,901	6,651,383	20,736,043,038	6,160,441	19,930,700,981	5,623,787
서비스	5,924,132,653	8,635,762	6,236,888,293	7,624,558	6,051,227,715	6,814,446
도소매	15,496,115,126	53,993,432	20,392,770,102	66,861,541	21,005,723,745	65,642,887
(계)	41,507,424,680	10,395,048	47,365,701,433	10,551,504	46,987,652,441	9,887,974

〈업종별 프랜차이즈 기업 매출액(단위: 천원)〉

21. 업종별 프랜차이즈 기업 영업이익(N=4,816)

- 업종별 프랜차이즈 기업 영업이익 총합은 전년대비 약 20% 신장하였으며, 도소매 업종을 제외한 외식, 서비스 업종 모두 총 영업이익이 증가하였음.
- 도소매 업종의 평균영업이익 매년 감소하는 추세를 보이고 있으나, 본사 규모에 따라 타 업종에 비해 평균영업이익이 높게 나타남.
- 반면, 서비스업의 경우 영업이익의 총합뿐만 아니라 평균 영업이익이 전년대비 큰 폭으로 증가하였는데 일부 교육서비스 브랜드의 영업이익 개선 및 전년도 영업이익 누락에 따른 결과임.

업종	2015		2016		2017	
	전체	평균	전체	평균	전체	평균
외식	775,620,168	256,828	819,067,539	243,336	869,693,569	245,399
서비스	409,607,921	597,096	240,004,775	293,404	917,609,429	1,033,344
도소매	951,865,718	3,316,605	995,922,538	3,265,320	674,126,340	2,106,645
(계)	2,137,093,807	535,210	2,054,994,852	457,785	2,461,429,338	517,978

〈업종별 프랜차이즈 기업 영업이익(단위: 천원)〉

22. 업종별 프랜차이즈 기업 당기순이익(N=4,816)

- 업종별 전체 당기순이익은 도소매 업종을 제외하고 전년대비 증가한 것으로 나타남.
- 도소매 업종의 당기순이익은 전년대비 크게 감소한 것으로 나타났는데, 이는 전년대비 화장품 업종의 당기순이익이 큰 폭으로 감소한 것에 기인함.
- 외식업과 서비스업의 경우 도소매 업종에 비해 평균 당기순이익이 매우 적은 수치로 나타났는데, 이와 같이 당기순이익이 저조한 현상은 가맹점 개설수익 외 본사의 수익구조를 안정적으로 가져가지 못하는 현실을 반영한다고 할 수 있음.

업종	2015		2016		2017	
	전체	평균	전체	평균	전체	평균
외식	362,221,504	119,941	407,208,353	120,977	458,701,150	129,430
서비스	356,807,429	520,127	176,984,875	216,363	286,682,466	322,841
도소매	582,646,348	2,030,127	674,736,778	2,212,252	412,810,682	1,290,033
(계)	1,301,675,281	325,989	1,258,930,006	280,448	1,158,194,298	243,728

〈업종별 프랜차이즈 기업 당기순이익(단위: 천원)〉

23. 업종별 프랜차이즈 가맹점 연평균매출액(N=5,960)

- 업종별 가맹점 연평균매출액은 도소매업이 약 3.8억원(월 환산 약 3,248만원)으로 타 업종보다 높은 수치를 나타내고 있으나, 전년대비 큰 폭으로 감소한 것으로 나타남.
- 외식업은 3억원, 서비스업은 2.2억원으로 최근 3년간 가맹점매출이 정체되어 있음.
- 외식업과 서비스업은 도소매업종에 비해 상대적으로 가맹점 규모가 작은 것으로 판단됨. 장기화된 경기침체의 영향으로 평균매출이 감소하는 추세를 보이고 있으며, 2018년 이후 최저임금이 큰 폭으로 상승하면서, 향후 가맹점 수익구조는 점차 악화될 것으로 우려됨. 따라서, 가맹점 경영개선을 위한 본사차원의 대책마련이 필요한 것으로 사료됨.

업종	2015		2016		2017	
	연평균	월환산	연평균	월환산	연평균	월환산
외식	310,670	25,889	300,646	25,054	305,189	25,432
서비스	235,347	19,612	231,662	19,305	228,293	19,024
도소매	433,989	36,166	482,041	40,170	389,815	32,485

〈업종별 가맹점 평균매출액(단위: 천원)〉

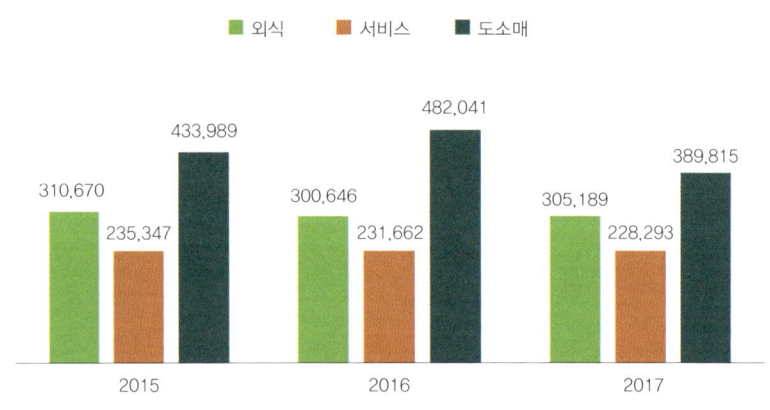

〈업종별 가맹점 연평균 매출액〉

24. 업종별 임직원 수(N=4,816)

- 업종별 전체 임직원 수는 193,390명 중 외식업이 113,319명으로 가장 많은 것으로 나타났으며 이는 외식 기업의 수가 프랜차이즈 산업에서 차지하는 비중이 높은 것에서 기인함.
- 평균 임원 수는 도소매업이 3.0명으로 가장 많았으며 서비스업 2.4명, 외식업 1.9명의 순으로 나타남.
- 평균 직원 수는 도소매업이 155.5명으로 타 업종보다 압도적으로 많은 것으로 나타났으며 전반적으로 도소매 업종 기업의 규모가 타 업종보다 클 것으로 예상됨.
- 전체 기업의 수가 증가한데 반해 업종별 임직원 수는 전년대비 전체 및 평균임직원 수가 감소한 것으로 나타남.

업종		2015		2016		2017	
		전체	평균	전체	평균	전체	평균
외식	임원	6,125	2.0	6,479	1.9	6,695	1.9
	직원	95,853	31.6	154,051	45.3	106,624	30.1
	임직원	101,978	32.9	160,530	47.2	113,319	32.0
서비스	임원	1,799	2.6	2,036	2.5	2,109	2.4
	직원	24,857	36.0	26,169	31.7	27,085	30.5
	임직원	26,656	31.5	28,205	34.2	29,194	32.9
도소매	임원	915	3.2	905	2.9	968	3.0
	직원	35,219	122.3	43,125	139.6	49,909	155.5
	임직원	36,134	106.9	44,030	142.5	50,877	158.5
(계)	임원	8,839	2.2	9,420	2.1	9,772	2.1
	직원	155,929	38.9	223,345	49.2	183,618	38.6
	임직원	164,768	40.2	232,765	51.3	193,390	40.7

〈업종별 임직원 수(단위: 명)〉

25. 업종별 점포 수(N=5,960)

- 업종별 점포 수 중 가맹점 수는 프랜차이즈 산업에서 높은 비율을 차지하는 외식업이 가장 많은 것으로 나타났으며, 서비스, 도소매업 순으로 나타남.
- 직영점 수는 도소매업이 가장 많으며, 최근 3년간 지속적으로 증가하고 있음.
- 외식과 서비스업의 직영점수는 전년대비 유사한 수준이며 가맹점수는 소폭 증가한 것으로 나타남.
- 한편, 서비스업의 가맹점 수는 최근 3년간 지속적으로 증가 하였으나, 직영점 수는 다소 감소한 것으로 나타남.

연도	외식		서비스		도소매		합계	
	직영점	가맹점	직영점	가맹점	직영점	가맹점	직영점	가맹점
2015	4,799	99,962	3,267	52,295	5,454	21,696	13,520	173,953
2016	5,852	110,326	3,131	58,117	6,363	42,236	15,346	210,679
2017	5,800	116,653	3,114	61,447	6,762	46,514	15,676	224,614
2017[1] (n=4,287)	5,027	116,653	2,083	61,447	6,510	46,514	13,620	224,614

1) 가맹점 수 0개 및 미입력(null) 브랜드를 제외한 데이터

⟨업종별 직영점과 가맹점 수(단위: 개)⟩

- 업종별 브랜드 평균 직영점 수는 도소매업이 18.6개로 가장 많은 것으로 나타났으며 외식업이 1.3개로 가장 적은 것으로 나타남.
- 도소매 업종의 평균 직영점 수가 높은 것은 본사의 자금력을 바탕으로 상대적으로 직영점 수를 적정비율로 유지할 능력이 있는 것으로 판단할 수 있음.
- 평균 가맹점 수는 도소매업이 128.1개로 가장 많은 것으로 나타났는데, 이는 가맹점수가 타 업종에 비해 많은 편의점 업종의 영향으로 판단할 수 있음.
- 도소매업종 다음으로 서비스업의 평균 가맹점수가 높은 것은 외식업종에 비해 기기/장비 또는 시설에 대한 투자가 적은 업종(교육업, 미용업 등)의 가맹점 확산이 상대적으로 용이할 것으로 판단됨.

연도	외식		서비스		도소매	
	직영점	가맹점	직영점	가맹점	직영점	가맹점
2015	1.3	25.9	3.9	61.8	16.4	64.2
2016	1.4	26.2	3.2	59.5	18.7	124.2
2017	1.3	25.9	2.9	57.8	18.6	128.1
2017[1] (n=4,287)	1.5	35.9	2.7	78.7	25.1	179.6

1) 가맹점 수 0개 및 미입력(null) 브랜드를 제외한 데이터

⟨업종별 평균 점포 수(단위: 개)⟩

26. 업종별 신규 개점 수(N=5,960)

- 업종별 신규개점 수의 총합은 외식업이 23,382개로 가장 많은 것으로 나타났으며 서비스업이 12,602개, 도소매업이 7,346개 순으로 나타남
- 반면, 평균 신규개점 수는 도소매업이 20.2개로 가장 높으며, 서비스업이 11.9개, 외식업이 5.2개 순으로 외식업의 평균 신규 개점수가 낮은 것은 전체 브랜드수가 타 업종에 비해 월등히 많은 것에 기인함.
- 업종별 점포 수 및 신규개점의 증가는 세부 업종별 증가추이를 살펴보기 위해 추후 업종분류별(43개 업종) 부분에서 세부적으로 언급하고자 함.

연도	외식		서비스		도소매	
	직영점	가맹점	직영점	가맹점	직영점	가맹점
2015	20,997	5.6	9,699	11.6	3,527	10.7
2016	23,096	5.5	11,968	12.3	7,209	21.2
2017	23,382	5.2	12,602	11.9	7,346	20.2

〈업종별 신규 개점 수(단위: 개)〉

27. 업종별 계약 종료 수(N=5,960)

- 업종별 계약종료 점포 수는 외식업이 3,697개, 서비스업 1,751개, 도소매업 1,160개 순으로 나타났으며, 전반적으로 전년대비 소폭 감소하였음.
- 평균 계약종료 점포 수는 도소매업종이 3.2개로 나타났는데 이는 도소매업종이 상대적으로 업종 전환에 유리하여 계약종료 후 타 브랜드로의 이탈 가능성이 높다고 할 수 있음.

연도	외식		서비스		도소매	
	직영점	가맹점	직영점	가맹점	직영점	가맹점
2015	4,309	1.1	3,019	3.6	619	1.9
2016	4,077	1.0	2,386	2.4	1,284	3.8
2017	3,697	0.8	1,751	1.6	1,160	3.2

〈업종별 계약 종료 점포 수(단위: 개)〉

28. 업종별 계약 해지 수(N=5,960)

- 업종별 계약해지 수는 외식업이 10,690개로 가장 많은 것으로 나타났으며 도소매업이 1,741개로 가장 적은 것으로 나타남.
- 외식업의 계약해지 수는 매년 증가하는 추세로, 본사의 갑질로 인한 일방적 계약 해지 등의 횡포가 사회 이슈로 크게 부각되고 있는 만큼 부당한 계약해지로 인한 가맹점주의 피해를 방지하는 제도적, 사회적 노력이 요구됨.
- 한편, 서비스업의 평균 계약해지 수가 매년 높은 비율을 유지하는 데는 계약해지 절차가 상대적으로 간편한 교육서비스 업종의 영향임.

연도	외식		서비스		도소매	
	전체	평균	전체	평균	전체	평균
2015	8,523	2.3	4,327	5.2	1,233	3.7
2016	10,007	2.4	6,921	7.1	2,014	5.9
2017	10,690	2.4	7,035	6.6	1,741	4.8

〈업종별 계약 해지 수(단위: 개)〉

29. 업종별 명의변경 수(N=5,960)

- 업종별 명의변경 수는 외식업이 7,860개로 가장 많은 것으로 나타났으며, 도소매업종과 서비스 업종은 전년도와 유사한 수준으로 나타남.
- 명의변경은 외적으로 점포수가 유지되는 것으로 보이나, 기존의 가맹점주가 해당 브랜드에 대한 신뢰도 만족도가 떨어져 브랜드를 버리는 것과 유사한 의미로 해석될 수 있음. 일부 권리금을 더 받아서 양도양수가 이뤄지지만 실제 가맹점주가 브랜드에 대한 매력도가 떨어진 것이라고 봐야 하며, 이도 폐점률에 흡수되어 계산할 필요성이 있음.

연도	외식		서비스		도소매	
	직영점	가맹점	직영점	가맹점	직영점	가맹점
2015	7,186	1.9	1,124	1.3	765	2.3
2016	7,481	1.8	1,739	1.8	2,211	6.5
2017	7,860	1.7	1,816	1.7	2,273	6.3

〈업종별 명의변경 수(단위: 개)〉

30. 업종별 폐점률 비교(N=5,960)

- 전체 가맹점수 대비 계약종료, 계약해지, 명의변경의 수의 합을 폐점률로 계산할 때, 최근 3년간 전체 폐점률이 증가하는 것으로 나타남.
- 외식업의 폐점률은 최근 3년간 소폭 증가하는 추세를 보이고 있으며, 서비스 업종의 경우 15%내외를 유지하고 있음.
- 세부 업종별 폐점률을 살펴보기 위해 추후 업종분류별(43개 업종) 부분에서 세부적으로 언급하고자 함.

업종	2015	2016	2017
외식	19.1%	22.2%	23.0%
서비스	15.0%	16.0%	14.6%
도소매	13.2%	20.0%	15.5%
(계)	17.9%	20.9%	21.0%

〈업종별 폐점률{(계약종료+계약해지+명의변경)/전체 가맹점수}비교〉

31. 업종별 계약종료, 계약해지, 명의변경 및 신규개점 비교(N=5,960)

- 계약종료, 계약해지, 명의변경의 수의 합은 프랜차이즈 기업의 진단척도로서 신규개점과 비교하여 신규개점의 수가 높을 경우 성장, 유사할 경우 정체, 낮을 경우 쇠퇴한다고 판단할 수 있음.
- 업종별 계약종료, 계약해지, 명의변경 및 신규개점을 비교한 결과 도소매 업종은 성장하는 것으로 판단할 수 있으며, 외식과 서비스업은 정체상태로 확인됨.

연도	외식	서비스	도소매
계약종료	0.8	1.6	3.2
계약해지	2.4	6.6	4.8
명의변경	1.7	1.7	6.3
합계	4.9	10.0	14.3
평균 신규개점	5.2	11.9	20.2

〈업종별 평균 계약종료, 계약해지, 명의변경 및 신규개점 비교(단위: 개)〉

32. 업종별 존속년수에 따른 개점률, 폐점률 및 창폐점¹ 비교(N=5,960)

- 존속년수에 따른 개점률, 폐점률을 비교한 결과, 외식업의 경우 존속년수 3~5년 미만일 때 폐점률이 개점률을 초과하는 것으로 나타났으며, 서비스업은 존속년수 7~10년 미만인 시점, 도소매의 경우 5~7년 미만인 시점에서 폐점률이 개점률을 초과하는 것으로 나타남.
- 따라서, 외식업의 경우 브랜드 존속이 3년이 넘어가는 시점부터 프랜차이즈 시스템 재정비를 통해 건전한 프랜차이즈 본사로서 발돋움할 필요가 있음.

1. 창폐점:Point of Establishment & Closure(%) : 폐점/개점*100 개점>폐점(100%이하) : 도입/성장기, 개업=폐점(100%)

구분	외식			서비스			도소매		
	개점률	폐점률	창폐점	개점률	폐점률	창폐점	개점률	폐점률	창폐점
3년 미만	78.6%	12.1%	15.3%	78.5%	5.4%	6.9%	77.0%	4.0%	5.1%
3~5년 미만	28.7%	30.1%	104.8%	31.3%	15.1%	48.4%	26.3%	25.4%	96.6%
5~7년 미만	16.2%	29.1%	179.3%	16.7%	14.0%	84.1%	18.0%	22.3%	123.9%
7~10년 미만	14.4%	30.6%	213.3%	13.0%	17.3%	133.5%	13.4%	16.1%	120.5%
10~15년 미만	10.8%	25.4%	234.9%	10.2%	27.2%	268.1%	7.7%	18.9%	244.0%
15~20년 미만	8.4%	24.9%	297.0%	8.3%	20.9%	250.5%	13.5%	9.1%	67.5%
20년 이상	7.3%	17.2%	234.7%	5.1%	13.3%	258.7%	7.6%	9.1%	120.0%

〈업종별 존속년수에 따른 개점률, 폐점률 및 창폐점 비교〉

33. 업종별 초기 투자금 현황(N=5,960)

- 업종별 전체 초기 투자금은 서비스업이 1.7억원으로 가장 높은 것으로 나타났으며 도소매업 1.3억원, 외식업 1.0억원의 순으로 나타남.
- 초기 투자금 중 많은 비중을 차지한 항목은 인테리어와 기타비용(설비, 초도물품 등)으로 총 비용 중 점포비(권리금, 보증금 등)는 제외된 비용임.
- 점포비용을 대략 1억원으로 가정했을 때 실질적인 프랜차이즈 평균 투자금액은 모든 업종이 2억원 이상의 창업자금을 필요로 하는 것으로 나타남.
- 서비스 업종의 인테리어 비용이 타 업종에 비해 높은 것은 숙박 프랜차이즈 및 독서실프랜차이즈와 같이 대형점포 위주의 브랜드가 다수 포함된 결과이며, 3.3㎡당 비용은 타 업종에 비해 낮은 편으로 나타남.
- 3.3㎡당 평균 인테리어 비용은 외식업이 185만원으로 가장 높은 것으로 나타났는데, 이는 타 업종에 비해 상대적으로 작은 규모의 점포형태로 대형점포에 비해 실행가가 높게 책정되기 때문임.

업종	가입비	교육비	보증금	인테리어(3.3m²당 인테리어)	기타 비용	총 비용
외식	8,297	3,521	3,459	47,356(1,857)	39,025	101,659
서비스	17,325	3,371	4,556	65,736(1,313)	79,990	170,979
도소매	8,485	2,167	13,842	46,945(1,772)	65,311	136,750
전체	9,928	3,411	4,290	50,628(1,754)	47,978	116,236

⟨업종별 평균 초기 투자금 현황(단위: 천원)⟩

34. 업종별 계약 기간(N=5,960)

- 업종별 가맹계약 기간은 모든 업종이 2.2년으로 비슷한 수준으로 나타남.
- 2018년 10월 16일 상가임대차 보호법이 개정되고, 임대차계약갱신 요구권이 10년으로 연장됨에 따라 업종별 특성 및 상가임대차보호법을 반영한 계약기간 검토가 필요함.
- 우리나라 창업시장에서는 2~3년의 제한적 운영기간 동안 기대이상의 수익을 내기가 쉽지 않은 상황에서 창업 시에 기존 점포에 권리금을 주고 새로운 시설과 인테리어까지 할 경우 장사에 필요한 투자 원금의 부담은 높아지게 됨.
- 일반적으로 정보공개서 등록시, 경쟁브랜드의 계약기간을 동일하게 설정하는 경우가 대부분임. 가맹계약기간은 해당 브랜드의 업종, 비즈니스 모델에 따라 상이하므로, 가맹계약기간 설정시 직영점 운영경험을 바탕으로 해당 비즈니스 모델의 투자금 회수기간을 고려하여 설정할 필요가 있음.

2. 제10조(계약갱신 요구 등) ②항 임차인의 계약갱신요구권은 최초의 임대차기간을 포함한 전체 임대차기간이 10년을 초과하지 아니하는 범위에서만 행사할 수 있다. 〈개정 2018. 10. 16.〉

업종	2016		2017	
	최초	연장	최초	연장
외식	2.2	1.4	2.2	1.4
서비스	2.1	1.6	2.2	1.5
도소매	2.2	1.5	2.2	1.5
전체	2.2	1.5	2.2	1.5

⟨업종별 가맹계약 기간(단위: 년)⟩

35. 시정 및 법적조치 현황(N=5,960)

- 업종별 시정 및 법적조치 현황은 시정조치의 경우 외식업이 229건으로 가장 많은 것으로 나타났으며 민사소송 패소 및 민사상 화해 건과 형의선고도 외식업이 가장 많은 것으로 나타남.
- 브랜드 수 증가와 달리 시정 및 법적조치건 수는 전년대비 감소한 것으로 나타났는데, 이는 대다수의 본사에서 가맹점주와의 자체 조정 및 공정거래조정원의 분쟁조정 단계에서 합의를 하는 경우가 많기 때문인 것으로 판단됨.

업종	2015			2016			2017		
	시정조치[1]	민사소송[2]	형의선고[3]	시정조치	민사소송	형의선고	시정조치	민사소송	형의선고
외식	321	16	12	284	9	5	229	9	10
서비스	88	2	0	54	0	0	35	1	0
도소매	32	3	2	19	4	5	21	0	3
(계)	441	21	14	357	13	10	285	10	13

1) 공정거래위원회의 시정조치
2) 민사소송 패소 및 민사상 화해
3) 사기·횡령·배임 등 타인의 재물이나 재산상 이익을 영득 또는 이득하는 죄로 형의 선고를 받은 경우

〈시정 및 법적조치 현황(단위: 건)〉

부 록 II

본부와 가맹점주들의 분쟁, 소송 실전 대비대응 방법

본부와 가맹점주들의 분쟁, 소송 실전 대비대응 방법

흔히 프랜차이즈 브랜드 창업을 생각하면, 프랜차이즈 본사를 결정하고 매장을 알아보고 인테리어를 한 뒤 교육을 받고 운영하는 것을 생각한다. 그리고 여기서 프랜차이즈 본사는 도움을 주는 것만으로 생각하는데, 사실은 이 모든 과정을 프랜차이즈 본사에서 전적으로 주도해야 한다. 또한 합리적인 방법으로 예상매출액을 제공하고, 그에 따르지 못하면 책임을 물을 수 있는 것이 법이기도 하다. 법만 제대로 알아도 프랜차이즈 브랜드를 하다가 자금손실을 봤다고 말할 수는 없다. 매출이 나오지 않은 매장이라면 본사에서 권할 수 없고, 예상 매출액을 믿고 매장을 오픈했는데 예상 매출이 나오지 않는다면 그것은 해결 가능한 문제일 가능성이 높기 때문이다.

■ 가맹사업법 9조 예상매출액 허위 과장 정보제공 금지

1. 가맹 예정지 예상 매출액 의무 제공

예비 가맹점주들을 비롯해 많은 사람들이 가맹점 입지 선택과 결정은 점주가 해야 하는 것으로 알고 있고 실제로 그렇게 하고 있다. 물론 결정은 최종적으로 점주가 해야 하는 것이지만, 그 과정은 일반적으로 알려진 것과 다르다. 매물이 나온 A 지점을 점포로 고민하고 있다면 일단 가맹 본사에 이를 전달하고, 가맹계약 전에 예상매출액 산정서를 요청해야 한다. 예상매출액 산정서는 가맹점 수에 상관없이 예상매출을 제공해야 하며, 이는 객관적이고 과학적인 산출 근거에 따라 서면으로 제공해야 하는 것이다.

가맹사업법 제9조 '허위, 과장된 정보제공 등의 금지' 5항에서는 가맹본부가 가맹계약을 체결할 때 가맹희망자에게 대통령령으로 정하는 예상매출액의 범위 및 그 산출근거를 서면으로 제공해야 한다고 말하고 있다. 이 조건에는 기본적으로 중소기업자가 아닌 가맹본부, 직전 사업연도 말 기준으로 가맹본부와 계약을 체결 및 유지하고 있는 가맹점 사업자의 수(다수의 브랜드를 가지고 있을 경우, 동일한 브랜드에 한함)가 100개 이상, 매출이 200억 원 이상 등의 가맹본부에 한한다고 되어 있다. 우리나라에서 이에 해당하는 가맹 본사는 약 6,000여개의 본사 중 약 380여개에 불과하다.

이 두 조건에 해당하는 가맹본사는 매장 후보지에서 가장 인접한 가맹점 5개 중 매출이 가장 적은 가맹점과 가장 높은 가맹점을 제외한 나머지 3개 가맹점의 평균 매출액을 제공해야 한다. 또 예상 매출액을 낼 때는 객관적이고 과학적인 산출근거에 따라 서면으로 제공해야 하기 때문에 어림짐작으로 작성해서는 안 된다. 그런데 이때 가맹점이 100개 미만인 가맹본부에서는 잘못 생각할 수 있다. 매장 수가 적기 때문에 예상매출액이 의무 제공이 아니라고 해서 비과학적인 방법으로 예상 매출액을 제공하면 역시 나중에 법적인 책임을 물을 수 있기 때문이다. 예를 들어 가맹 본사가 월 매출 1천만 원은 가능하다고 말한 것을 가맹점주가 녹음을 해 둔 뒤, 나중에 실제 매출액이 적어 가맹 본사와 법적 공방을 벌인다면 가맹 본사가 패할 가능성이 매우 높다.

2. 허위 과장 정보 제공에 속지 말자

안타깝게도 국내의 많은 가맹본사는 허위 과장 정보를 제공하는 경우가 매우 많다. 꼭 과대광고가 아니더라도 근거 없이 예상 수익을 말하거나 최저수익을 보장하는 것 모두가 허위 과장 정보를 제공하는 것이다. 객관적인 근거 없이 가맹점 평균 매출액을 높여 말하거나 성수기 혹은 오픈 직후의 금액을 말하거나 전체 가맹점이 아닌 상위 매장들의 매출액을 말하는 것도 모두 여기에 속한다. 또 흔히 볼 수 있는 '월 1,000만원의 매출, 월 500만 원의 영업이익' 등의 표현을 사용하는 것도 허위 과장 정보를 제공하는 것이다. 안타깝게도 이러한 예시는 매우 많아 일부러 하나하나 예를 들 필요도 없을 정도다.

이밖에 예상 매출액을 허위로 작성하는 경우도 적지 않다. 직접 조사하기에는 시스템이 구비돼 있지 않기 때문에 소상공인시장진흥공단 등 공신력 있는 곳의 상권분석자료를 이용하는 것이다. 소상공인시장진흥공단의 경우, 잘못된 정보를 제공하는 것은 아니지만 광범위하게 상권 특성이 나타나 있어 어떤 하나의 아이템과 매장의 매출액을 예상하기에는 부족하다. 그래서 <u>소상공인시장진흥공단 홈페이지 내에 공단은 본 웹사이트 또는 자료에 열거되어 있는 내용을 검토하려는 노력과 관련하여 어떠한 보증도 하지 않으며, 웹사이트 자료의 정확성, 저작권 준수, 적법성, 도덕성 등에 대해 아무런 책임을 지지 않는다고</u> 명시하고 있다. 그렇기 때문에 가맹본사에서 제공하는 정보 자체를 무조건 믿지 말고, 그 근거가 어디에서 왔는지 가맹본사 측에서 직접 조사하고 도출한 것인지를 꼼꼼하게 확인해야 한다.

또한 상표권에 대해서도 충분히 인지하고 있어야 한다. 우리나라는 미투(me too) 브랜드가 매우 많고, 그 과정에서 몇 달 반짝 가맹본사를 운영하고 사라지는 경우도 적지 않다. 그렇기 때문에 가맹본사를 선택할 때, 지식재산권을 제대로 취득했는지를 반드시 확인해야 한다. 공정한 방법으로 취득했는지 확인하는 것은 물론, 상표권을 취득했다고 해도 그것이 진짜인지를 반드시 확인해야 한다.

현 허위 과장 정보 제공의 유형
– 회사연혁, 사업실적, 가맹점 현황, 임직원 현황, 재무 현황, 자산보유 현황 등 가맹본부에 관한 정보를 사실과 다르게 또는 부풀려서 제공하는 행위
– 상품, 용역, 설비, 원부재료 등에 대한 정보를 사실과 다르게 또는 부풀려서 제공하는 행위
– 경영 및 영업활동 지원 등에 관한 정보를 사실과 다르게 또는 부풀려서 제공하는 행위
– 가맹점 사업자에게 발생하는 경제적 부담을 사실과 다르게 제공하는 행위

*이러한 허위 과장 정보 제공은 공정거래위원회의 행정규제일뿐 사법적 판단은 아니다. 그러나 추후 가맹본사와 가맹점주 간에 법적인 공방이 벌어질 경우, 가맹본사에게 매우 불리할 수 있다.

3. 객관적 조사와 과학적 분석을 통한 예상 매출액

객관적인 예상 매출액을 산정하기 위해서 가맹본사는 어떻게 해야 할까? 가맹점 오픈 후보지가 있다면 상권조사를 통한 예상 매출액 시스템을 체계적으로 갖추어야 한다. 일단 기본적인 조사도구에 의해 현장 조사를 증빙하는 것이 먼저다. 실제 현장조사를 했음을 사진과 영수증으로 남긴 뒤, 통행량 조사, 내점객 조사, 경쟁점 분석 등을 시간, 연령, 성별 등으로 각각 조사를 하는 것이다. 또 점포 예정지의 상권범위 내에 있는 경쟁점과 해당 점포를 위치, 매장 컨디션, 주차, 배달 등 상세분석으로 비교분석한다. 이러한 내용들을 총정리하여 예상 매출액을 산출해 내고, 이를 가맹점주에게 제공해 매장을 오픈할 것인지 아닌 지에 대해 협의를 하게 된다.

이러한 과정을 통해서 매장을 오픈하게 된다면 매출액 저하로 폐점하게 될 가능성은 매우 낮다. 만약 매출이 낮더라도 그것은 입지나 아이템의 문제가 아닌, 다른 이슈 때문일 가능성이 높은 것이다. 만약 예상한 매출과 다르다는 이유로 가맹점주가 본사에게 손해배상을 요구하는 경우에도, 가맹본사는 객관적 조사와 과학적 분석으로 예상 매출액을 제시했기 때문에 배상 책임이 없게 된다. 이 모든 과정은 서류와 녹취 등으로 철저하게 자료로 남겨두는 것이 가맹본사와 가맹점주 모두에게 좋다.

4. 가맹점의 성공률을 높이고 싶다면

객관적 조사와 과학적 분석을 한 뒤에 가맹점을 오픈하면 성공 가능성이 매우 높아지기 때문에 본사에게도 점주에게도 모두 좋은 방식이다. 그런데 개요만 살펴봐도 매우 복잡하고 적지 않은 시간과 비용이 들어갈 수밖에 없다. 또한 자료를 조사했다 하더라도 이를 바탕으로 예상매출액을 산출해 내는 툴은 평범한 중소기업인 가맹본사에게는 도전조차 쉽지 않은 일이다.

그러나 과학적으로 예상매출액을 분석하는 가맹본사는 의외로 우리나라에서도 적지 않고, 이러한 과정을 통해 성공 가맹점을 높은 비율로 배출해 내고 있다. 가맹본사 역시 이러한 과정으로 가맹점을 오픈하는 것이 이전의 방법보다 비용이 많이 드는 것은 물론 힘들고 어렵다는 것을 알고 있다. 하지만 많은 가맹본사들이 이야기하는 '상생'을 위해서는 꼭 해야 하는 일이라는 것을 알고 있기 때문에 오픈할 수 있는 매장의 수가 적어도, 새로운 입접지를 찾고 또 찾으면서도 하고 있다는 것을 예비 가맹점주들은 반드시 알아두어야 한다.

■ 허위 과장 정보 제공 행위의 실제 사례

5. 커피전문점, 허위 정보로 가맹점 일부 승소

- 분쟁 사실

실제 판례에도 허위 과장 정보 제공에 대한 사례가 있다. 가맹희망자 갑은 커피 프랜차이즈 가맹본사 을에게서 한 달에 6,000만 원에서 1억 원 사이의 매출을 올릴 수 있다는 설명을 듣고 계약을 체결했다. 갑은 6억 5,000만원을 들여 내부 인테리어를 하고 개점하였으나 개업 후 6개월 동안 실제 매출액 평균은 3,600만원에 불과했고, 고정비로 인해 매달 1,000만 원씩 손해를 보게 됐다. 견디다 못한 갑은 을에 가맹계약 해지를 요구했고, 을은 가맹본부가 해당 점포를 2년 간 위탁받아 운영해 보겠다고 제안해 위탁경영을 맡겼다. 그러나 2년 동안에도 실제 평균 매출액은 3,700만원에 불과했고, 매월 800만원의 손실을 냈다.

결국 갑은 을을 상대로 '폐점 때까지 영업 손실액 5억 3,500만 원과 인테리어 공사비 등 총 11억 6,100만원의 손해를 배상하라'는 민사소송을 제기했다. 그러나 을은 갑에게 제시한 예상 매출액은 점포 인근의 커피전문점들의 매출액을 기초로 산정한 내부 조사이며, 해당 지역에 직영점을 운영하기 위한 것으로 허위 과장 정보가 아니라며 맞섰다. 여기에 가맹점 운영기간 동안 미지급한 물품대금 3억 5,800만원을 지급하라고 반소를 제기했다.

- 분쟁 결과

재판부는 이 사건에 대해 가맹본부가 예상매출액 정보와 관련해 허위 과장 정보를 제공했다고 인정했다. 을이 제시한 예상 매출액은 인근 커피전문점의 브랜드 인지도, 전체 매출액 등과 직접적인 비교 대상이 될 수 없으며, 을은 점포 근방의 집객 세대수, 교통망, 유동 인구와 거주 인구, 소비 수준, 생활방식, 구매행동 패턴 등을 조사한 적이 없기 때문에 허위 과장 정보인 것을 인정한 것이다. 게다가 을은 예상매출액 자료에 '추정이익'이라는 취지로 작성을 하고, 이것만으로는 허위 과장된 정보가 아니라고 할 수 없다고 판단했다.

갑은 11억 6,100만원의 손해를 요구하였으나 재판부는 갑의 손해액을 9억 5,447만원으로 산정했고, 갑 역시 독립적 사업자로서 입지조건과 영업전망 등 스스로 사전 조사를 게을리한 점과 가맹계약 체결 전후로 커피전문점이 급증해 경쟁이 심화됐던 점을 감안했다. 그 결과 갑의 책임을 40%, 을의 책임을 60%로 제한해 을이 제기한 3억 5,800원과 상계해 갑은 을에게 총 2억 8,481만원을 받게 되었다.

– 분쟁 해석

갑은 을에게 예상 매출액을 받았지만 그 예상 매출액이 어떻게 만들어졌는지에 대해서는 충분히 조사하지 않았다. 게다가 예상 매출액과 실제 매출액의 차이가 매우 컸음에도 불구하고 가맹본사에게 위탁경영을 맡겨 오히려 더 큰 손실을 얻은 셈이 되었다. 비록 가맹점주가 승소하기는 했지만, 손해가 적지 않아 값비싼 경험을 치른 셈이 되었다.

6. 편의점, 예상매출액 시스템으로 가맹본부 승소

– 분쟁 사실

가맹계약체결 당시 가맹본부는 자체적으로 실시한 상권조사결과를 토대로 원고 A에게 후보 가맹점의 하루 매출액이 170~180만원에 이를 것으로 예상돼 가맹계약을 체결하면 상당한 수익이 보장된다는 취지의 말을 하였다. 해당 입지조사 보고서에는 통행량 계측 결과와 주변상권분석 등을 토대로 하루 매출액이 206만원으로 기재돼 있었다. 가맹본부는 연간 총수입이 최저보증액에 미달할 경우 최저보증액을 가맹본부가 보상해 주는 최저보증제도를 운영하고 있었기 때문에 A는 이를 믿고 가맹계약을 체결하였다.

그러나 A가 가맹점을 운영한 결과 연간 총수입은 최저보증액에 미달하지 않았지만, 남는 수익이 거의 없었고 몇 달 동안 운영한 결과 오히려 4,300여 만원의 영업손실을 보게 되었다. 이 상황에서 A는 가맹본부가 부실한 상권조사결과를 토대로 A에게 예상 매출액이나 예상 수익금에 대해 허위 또는 과장된 정보를 제공함으로써 발생한 것이므로, 가맹본부의 귀책사유를 이유로 가맹계약을 해지하고 영업손실금 4,300여 만원과 가맹계약으로 인한 손해배상금 7,700여 만원의 청구를 하였다.

– 분쟁 결과

재판부는 수익예측 정보가 실제 가맹점 운영결과와 다르더라도 가맹본부의 조사방법과 그 분석 결과가 매상수익예측의 합리성과 적절성, 그 설명 내용의 정확성 등 여러 가지 면에서 객관적으로 적절했다면 가맹본부에 대해 잘못된 정보제공에 대한 책임을 물을 수 없다. 그러나 가맹본부는 일반적인 사업자가 스스로 새로운 점포를 개설할 때의 조사방법과 분석결과를 기본으로 할 때. 제공된 정보가 합리성을 갖추지 못했다고 단정할 수 있는 특별한 사정이 없다. 또 가맹본사가 자체적으로 조사한 예상매출액이 A가 가맹점을 운영하는 동안의 실제 매출액과 차이가 있다는 것만으로 분석방법이 잘못됐다고 볼 수 없고, A에게도 가맹점의 입지와 상권을 스스로 충분히 조사해 볼 의무가 있다. 가맹본부가 제시한 예상매출액이 허위 또는 과장된 정보로 보기 어렵고, 가맹본부에 지급하는 fee, 임대료, 인건비 등은 원고가 계약체결과정에서 충분히 예상할 수 있는 비용이다. 그렇기 때문에 가맹본부가 잘못된 상권분석조사 결과를 토대로 A에게 허위나 과장된 정보를 제공해 A가 영업손실을 입었다는 주장은 받아들이기 어렵다.

– 분쟁 해석

A의 경우 가맹본부에게서 객관적으로 조사된 상권분석결과를 받았고, 연간 예상매출액도 달성했지만 이익이 그만큼 남지 않아 손실을 얻게 되었다. 사전에 하루 매출액만 생각하고 영업이익이 얼마나 되는지는 철저하게 조사하지 않았기 때문에 일어난 결과라고 볼 수 있다. 객관적인 상권조사와 최저보증액제도까지 운영했기 때문에 A와의 소송에서도 이길 수 있었다. 현재의 법은 가맹본부에게 불리하게 가는 경향이 있지만, 가맹본부가 본부만의 예상매출시스템을 제대로 구축해 두고 이를 활용해야 한다는 것을 보여주는 전형적인 사례다.

■ 가맹사업법 시행령 개정안 살펴보기

7. 가맹점주 경영 여건 개선 대책

2019년 10월 공정거래위원회는 사맹사업법 시행령 개정안을 입법예고하고 11월 11일까지 40일 간 개정안 의견을 수렴하였다. 이때 입법예고된 내용을 살펴보면 크게 '가맹점주 경영 여건 개선 대책'이라고 할 수 있다. 개정안 내용을 살펴 보면 크게 가맹점 창업 정보의 품질 제고, 가맹계약 즉시 해지 사유 정비, 계약 갱신 거절의 부당성 판단 기준 구체화, 매출 부진 가맹점 폐점 시 위약금 부담 완화, 기타 사항 등이 있다. 이번 시행령 개정안이 확정. 시행되면 창업. 운영. 폐업 전 과정에서 가맹점주의 경영 여건이 개선될 것으로 기대되며, 가맹희망자는 평균 가맹점 운영 기간, 매출 부진 시 가맹본부의 지원사항 등을 사전에 확인해 합리적 창업 결정이 가능해진다. 또 가맹본부의 자의적인 즉시 해지 및 가맹점에 대한 부당한 계약 갱신 거절 관행이 줄어들어 점주의 안정적인 영업 환경이 조성되며, 예상 매출액 산정에 대한 가맹본부의 책임성이 강화되고 매출 부진 가맹점의 중도 폐점 시 위약금 부담이 완화될 것으로 기대된다.

『1등 가맹점으로 본 프랜차이즈』

초판 1쇄 인쇄	2020년 1월 2일
초판 1쇄 발행	2020년 1월 10일
지은이	서민교, 월간〈창업&프랜차이즈〉
발행인	이덕철
편집인	임나경
기획편집	임나경, 조주연
디자인	정혜숙
사진	월간〈창업&프랜차이즈〉 DB, 각 업체제공
발행처	창업미디어그룹
출판등록	제307-2013-63
주소	서울특별시 성북구 성북로6길 26
전화	02)2235-7101~3
ISBN	979-11-951471-2-0
값	15,000원